한국인이
성공하는
영어 스피킹은
따로 있다!

한국인이
성공하는
영어 스피킹은
따로 있다!

초판 1쇄 발행 2018년 10월 29일
초판 4쇄 발행 2020년 8월 20일

지은이 에스텔

펴낸이 이상순
주간 서인찬
편집장 박윤주
제작이사 이상광
기획편집 박월, 이주미, 이세원
디자인 유영준, 이민정
마케팅홍보 신희용, 김경민
경영지원 고은정

펴낸곳 (주)도서출판 아름다운사람들
주소 (10881) 경기도 파주시 회동길 103
대표전화 (031) 8074-0082 **팩스** (031) 955-1083
이메일 books777@naver.com
홈페이지 www.books114.net

ⓒ 에스텔, 2018
ISBN 978-89-6513-524-1 03190

이 도서의 국립중앙도서관 출판예정도서목록(CIP)은 서지정보유통지원시스템 홈페이지(http://seoji.nl.go.kr)와
국가자료종합목록시스템(http://www.nl.go.kr/kolisnet)에서 이용하실 수 있습니다.(CIP제어번호 : CIP2018032570)

한국인이 성공하는 영어 스피킹은 따로 있다!

에스텔 지음

아름다운사람들

프롤로그

평생 영어가
내 발목을
잡을 줄 알았다

"선생님 글을 읽고 갑자기 영어 공부가 하고 싶어졌어요."

글에는 엄청난 힘이 있나 봅니다. 사람을 꿈꾸게 하고 변화시키는 힘이요. 온라인에 올린 글 하나를 보고 많은 분들이 제 수업을 찾아오셨어요. 그 글은 3개월 만에 프리토킹, 따라만하면 영어 정복 류의 솔깃한 글이 아니었지요. 제가 성인이 되어 왜 영어 공부를 시작했고, 어떻게 영어 성장을 해왔으며, 그 덕에 인생이 어떻게 달라졌는지 차분히 적은 글이었습니다. 그 글을 보고 온 수많은 수강생분들은 직장을 다니며, 아이를 키우며, 혹은 학교에 다니며 1년여 간의 과정을 다 들었고, 졸업을 하며 하나같이 이렇게 열심히 공부해본 건 처음이라고 하셨습니다. 그리고는 해외로, 외국계 기업으로, 자녀의 영어 멘토로 본인의 꿈을 이뤄 교실을 떠났죠. 힘들고 포기하고 싶을 때 제 글을 읽고 느꼈던 첫 설렘과 목표를 다시 떠올리셨다고 합니다. 글 하나가 이렇게 마음을 움직일 줄은 몰랐어요.

그런 값진 경험이 있는 전 기쁜 마음으로 이 책을 씁니다. 저는 아주 평범한 대한민국 사람입니다. 한국 교육과정을 그대로 밟으며 영어 한번 제대로 말할 일 없이 입시 공부만 했었죠. 대학에 와서도 사정은 달라지지 않았습니다. 영어와 상관없는 학과였지만 대학에서도 영어는 여전히 필수과목이었고 해외파들의 세련된 발음과 스피킹에 기가 눌려 회화 시간에는 단 한마디도 하지 못했죠. 비슷한 처지였던 대학 때 친구의 푸념이 아직도 떠오릅니다.

"그래, 영어가 평생 내 발목을 잡을 줄 알았어."

이대로는 안되겠다 싶어 영어 학습법들을 찾아보았습니다. 그중 하나가 영화 한 편만 달달 외우면 스피킹을 정복할 수 있다는 이야기였습니다. 이 방법으로 영어 스피킹에 성공했다는 사람들 말만 믿고 부푼 기대를 품고 시작을 했습니다. 그런데 웬걸, 첫 문장부터 외워지지가 않더군요. 도대체 어떻게 발음하는 건지 어찌나 혀가 꼬이던지

한국인이 성공하는 영어 스피킹은 따로 있다

요. 외워지지도 않는 문장들을 따라 하면서 언제까지 지루한 암기를 해야 하나 의문이 들 수밖에 없었습니다. 어떨 땐 다 아는 단어로 구성된 문장인데도 정작 내용은 이해가 안 될 때도 있었죠. 이해하지 못하니 외워지지도 않았습니다.

이쯤 되니 영어를 잘하는 사람들은 둘 중 하나다 싶었습니다. 해외에서 살았거나, 타고난 언어 감각이 있거나.

그렇다면 둘 다 없는 나같이 평범한 사람은 영어를 할 수 없는 걸까… 하지만 그냥 무시하고 살기에는 영어는 너무나 큰 숙제였죠. 외국에서 살다오는 것은 불가능했지만 언어 감각은 어떨까요? 타고나야만 하는 걸까요? 언어 감각이 뛰어난 사람들을 관찰해보니 둘 중 하나였습니다.

- 영어 문장을 보면 구조가 잘 보여서 쉽게 외우는 능력 (문법 감각)
- 영어 소리를 한두 번 듣고 똑같이 발음할 수 있는 능력 (소리 감각)

둘 중 하나만 있으면 영화 속 주인공 발음을 듣고 따라 하거나, 영어책 구절을 외우는 게 재밌어질 것 같았습니다. 그래서 전 소리 감각을 키우기 위해 하루 종일 녹음기를 붙들기도 하고 문법 감각을 키우기 위해 해외 문법서를 너덜거릴 때까지 공부하기도 했습니다.

그러자 언젠가부터 영어가 다르게 느껴지는 겁니다. 마치 한국어처럼 발음하는 것도 쉬워졌고요. 어떤 문장을 봐도 어순, 뉘앙스가 다 파악이 되니 영어가 너무 잘 외워져서 저절로 습득되었죠. **아 이런 느낌이구나. 원어민들은 이렇게 영어를 습득하는구나, 언어 감각이 좋은 사람들은 애초부터 이런 능력이 있었구나. 이런 게 없어서 같은 선에서 출발할 수 없었구나!**

그 후의 공부는 지루한 암기나 훈련이 아니라 외우기도 쉽고 또 외우자마자 써먹는 재밌는 과정이 되었어요. 저는 영어 덕후라고 불릴 정도로 영어에 푹 빠져서 지냈습니다. 고된 시간을 채우는 게 아니라 하루 종일 노는 것 같았죠.

이렇게 돌파구를 찾자 암울한 미래를 걱정하며 부족한 점에만 집착하던 제가 180도 달라졌습니다. 영어는 미국어가 아니라 세계어죠. 우리가 학교나 사회에 나가려면 일단 한국어를 할 줄 알아야 하듯 영어를 할 수 있으면 세계인으로 살아갈 수 있습니다. 엄청난 기회를 부여받지요.

어학연수를 딱 두 달 미국으로 갔는데 영어를 미리 하고 가니 남들 해외에서 몇 년 살다온 경험을 다 겪을 수 있었어요. 짧은 기간 동안 미국 대학생들과 스타트업을 하기도 했고요. 수많은 나라 사람들과 얘기하면서 제가 한국에서 최고로 중요하게 생각했던 학벌과 등수 같은 가치가 세계에선 아닐 수도 있다는 사실을 알게 되었죠. 전 더 큰 사람이 되었고, 돌아와서 정말 행복해졌습니다.

어릴 때부터 꿈꾸던 글로벌 환경에서 미국, 캐나다, 영국등 다양한 나라 사람들과 즐겁게 일할 수 있어 감사했고, 국제 학교에서 원어민 강사로 아이들을 가르치는 소중한 경험도 했습니다. 지금은 '에스텔 잉글리쉬'라는 1인 기업을 만들어 직접 제작한 콘텐츠로 수강생들께 같은 경험을 선사하고 있어요.

일하면서 동시에 매일 영어로 살아갑니다. BBC 뉴스로 전 세계 동향을 파악하고, 아직 한국어 자막이 안 나온 TED 영상을 보며 영감을 받습니다. 번역본보다 훨씬 재미있는 영어 원문 소설을 읽고, 자막 오역 걱정 없이 할리우드 영화를 즐깁니다. SNS에서 영어 일기로 저를 표현하며 세계 친구들과 소통합니다. 듣기, 읽기, 쓰기는 혼자서 해도 말하기 공부는 어떡하냐고요? 문법 감각과 소리 감각만 있으면 비싼 원어민 과외 없이도 셀프로 프리토킹을 연습할 수 있답니다.

제 목표는 평생 세계를 여행하면서 최대한 많은 나라, 많은 도시의 사람들과 말해보는 거예요. 내가 지금 집착하고 있는 어마어마하게 큰 문제가 다른 세상에서는 아무것도 아니라는 것을 느끼며 자유롭게 살아가고 싶습니다. 누구의 눈치도 보지 않고 세상과 소통하면서 내 영역을 확장해 나가고 싶습니다. 아마 영어를 못했다면 지금처럼 성장하지 못했을 거예요.

전에 유럽 여행을 갔을 때 네덜란드 대부분의 사람들이 영어를 너무 잘해서 놀란 적이 있었습니다. 알고 보니 비영어권 국가 중 영어에 능숙한 국민의 비율이 전 세계 1위라고 합니다. 비결을 물어봤더니 이렇게 대답을 하더군요.

"저희는 영어랑 문법도 발음도 정말 비슷해서 영어가 참 쉬워요!"

반면 한국어와 영어는 참 다른 언어입니다. 어법도 소리도 판이해 우리에게 영어는 참 따라 하기도 이해하기도 어려운 존재입니다. 그래서인지 제가 그전까지 들었던 공부법은 '그냥 외워라'였습니다. 하지만 그냥 외우는 것도 언어 감각을 타고난 소수에게나 쉬운 일이었고 다른 사람들에게 영어는 평생의 아쉬움으로 남기 일쑤였습니다. **하지만 영어식 언어 감각 또한 기를 수 있었습니다. 우리 한국인이 영어를 쉽게 따라 하고 이해하고 습득할 수 있는 밑 작업을 미리 하는 것입니다.** 그 과정을 거친 수강생들은 이런 강의는 처음이라며 빠르게 영어와 친해지더군요. 몇 개월 만에 해외여행, 영어 면접, 이직 등에서 꿈을 이루는 수강생들을 보며 영어를 통해 함께 성장하는 느낌이었습니다. 톨스토이는 인간이 성장할 때 가장 행복하다고 했습니다. 전보다 점점 나아지고 있다는 느낌만큼 우리를 충만하게 하는 것이 있을까요?

함께 성장하는 수강생분들을 생각하면서, 내가 힘들 때마다 에너지를 주는 친구들을 생각하면서, 내가 포기하고 싶을 때도 붙들어 결국 나를 성장하게 한 가족들과 사랑하는 사람들을 생각하며 이 책을 썼습니다.
마지막으로 그 길에 함께 하고 싶은 독자 여러분께 이 책을 드리고 싶습니다.

그럼 함께 영어 성장하실까요?

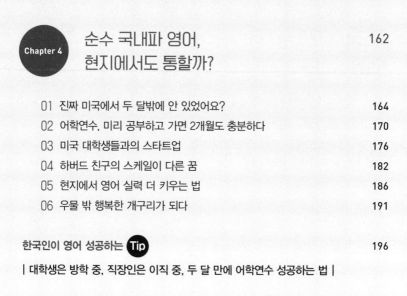

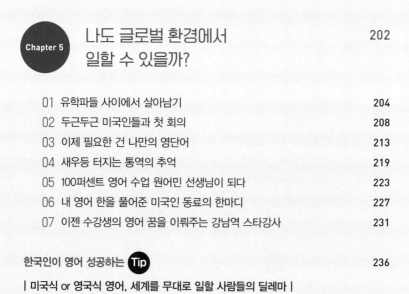

Chapter 1

자기소개도
버벅거리는 초라한 나,
10년간 배운
영어는 뭐지?

찰진 발음의 해외파들 사이에서
입도 뻥긋 못하다

3월 새 학기가 밝았습니다. 올해는 좀 더 발전된 삶을 살겠노라 복창하며 이번 학기 교양 필수 과목으로 신청했던 영어 수업 강의실 문 앞에 섰습니다. 독해, 문법, 어휘 등 교수님마다 포커스를 맞추는 분야가 다른데 이번 교수님은 진짜 영어는 '회화'라며 말하기 능력을 중시한다고 들었습니다. 잘할 수 있을까 떨리긴 했지만, 에이 그래도 10년을 배웠는데 설마 아무 말도 못하겠냐며 스스로를 다독였어요. 나만 따로 일으켜서 시키지만 않으면 좋겠다는 간절한 바람으로 수업에 들어섰죠.

교수님은 수업을 시작하면서 먼저 해외에서 살다 온 친구가 있는지 손을 들라고 합니다. 그렇게 우리를 단번에 파악한 교수님은 주변 친구들과 조별로 앉아 아이스 브레이킹 시간을 가져보겠다 합니다. 영어로 자기소개를 하며 친해지라고요.

'아 어떡하지? 내 영어 실력 들키기 싫은데…'
수능 점수가 내 영어일까요? 외운 단어 수가 내 실력일까요? 여태껏 푼 영어 문제집 수가 내 스펙일까요? 그래도 오랫동안 영어를 접해왔는데 자기소개 정도는 할 수 있지 않으려나? 확신이 딱 안 섭니다. '어떻게든 되겠지'란 심정으로 남몰래 심호흡을 하고 내 차례를 기다립니다. 내 순서가 되면 무슨 말을 할까 영어로 꿰어 맞추느라 옆 친구가 뭐라고 하는지는 들리지도 않습니다.
드디어 제 차례. 돌아올 수 없는 강을 건넜습니다.

"Hello! Let me introduce myself."_안녕하세요? 제 소개를 하겠습니다.

"My name is ○○○ and I'm ○○ years old."_저는 아무개이고 몇 살입니다.

"I'm a little nervous."_조금 떨려요.

"nervous…"_떨려요.

"nerv…"_진짜 떨려요.

"n…"(목구멍이 떨리다가 아무 말도 못함.)

내가 할 수 있는 문장이 모두 바닥났습니다. 한마디라도 더 끄집어내려 뇌를 헤집고 다녀도 알파벳 하나 못 건지겠습니다. 말을 이어가고 싶은데 고구마라도 먹은 듯 목이 멥니다. 말이 넘어올 듯 안 넘어올 듯 입을 반쯤 벌리고 선 나를 바라보는 친구들의 눈빛이라니. 1초가 10초처럼, 1분이 10분처럼 길게 느껴집니다.

'나 뭐하고 있니!!! 뭐라도 말해보라고!'

과속하는 놀이기구에 처음 올라탄 듯 심장과 얼굴이 동시에 새하얘 집니다. 김연아 선수가 평창 동계올림픽에서 프레젠테이션을 할 때 도요, 이 한마디를 귀여운 손가락 포즈와 함께 말했단 말이죠.

"I'm still a little bit nervous."_저도 약간은 떨리네요.

전 세계 앞에서 하는 발표니 얼마나 떨렸겠어요. 하지만 그 말이 무 색하게 청산유수로 영어 프레젠테이션이 이어졌고 결국 평창올림픽 개최권도 따냈죠.
비록 제 앞에는 몇 명 없었지만 저도 진짜 떨렸습니다. 급기야 속이 울렁거리기 시작했습니다.

"And, And…"_그리고, 그리고…

한국인이 성공하는 영어 스피킹은 따로 있다

시간을 너무 끌었는지 아이스브레이킹 시간이 끝났습니다. 다음 차례인 친구가 허탈한 표정으로 절 쳐다보네요. 나중에 교수님이 한마디 하셨습니다. 영어로 자기소개 할 때 나와서 "I'm very nervous."로 시작하지 말라고. 그 말 너무 많이 한다고요.

울렁거리는 가슴을 부여잡고 시계를 보니 이제 겨우 수업시간 10분이 지났습니다. 주변 다른 조들을 살펴보니 저처럼 당혹감에 멍해진 친구들이 몇몇 보입니다. 오늘 처음 본 그들이 오랜 동지로 느껴집니다. 나만 이 모양인 건 아닌 거죠…?

그런 우리를 아랑곳 않고 블라블라 유창하게 말하는 친구들이 있습니다. 아까 해외에서 살다왔다고 손을 들었던 해외파 친구들. 덩치도 크고 험상궂어 보이던 친구가 적절한 제스처와 함께 혀를 굴리며 말하는데 아까와 달리 왠지 멋있게 보입니다. 교실에는 나보다 어려보이는 후배도, 막 복학한 선배도 있습니다. 영어 잘하는 해외파는 선배든 후배든 위협적인 존재입니다. 안 그래도 나보다 경력 많은데 영어까지 잘하는 선배. 나보다 나이도 어린데 이미 영어도 잘하는 후배.

우린 분명 같은 점수로 이 곳에 왔을진대 해외 경험이 없단 이유로 이렇게 실력이 나뉘어도 되는 걸까요? 학창 시절에는 모르고 살았던 영어 실력의 격차가 뼈저리게 느껴지는 순간이었습니다.

자기소개 시간이 끝나고 교수님 수업이 시작됩니다. 띄워놓은 ppt 사진을 보고 영어로 얘기하는 시간을 가졌는데 아까 그 외국물 먹은 멋진 친구가 말합니다.

"(블라블라블라) like a bat." (앞부분 전혀 못 알아들음.)

"뱉"이 뭐지? 순간 머리를 빠르게 굴려봅니다. 내가 분명 아는 쉬운 단어 같은데. "뱉?"

2~3분이 흐르고 갑자기 그 단어가 bat, '박쥐'라는 것이 떠오릅니다. 아, 사진에 거꾸로 매달려있는 물건을 보고 말한 것 같습니다. 잠깐, 박쥐는 이미 어릴 때 배웠던 단어 아닌가요? 그런데 제가 알고 있는 발음과 진짜 다르네요. "배트"이 아니라 "배앹~", 한글로 적을 수도 없는 찰진 발음.

시간이 어떻게 흘러가는지도 모르게 식은땀만 흘리던 수업시간이 끝났습니다. 허탈한 마음으로 터덜터덜 교실을 걸어 나옵니다. 나 그래도 영어 10년을 했는데 이거 하나 말 못하겠어, 라며 무식하게 덤볐다가 얼굴만 화끈해졌어요.

실은 이번이 처음이 아니었습니다. 영어 하면 머릿속을 스치는 기억 하나가 있었죠.

처음 간 유럽 여행에서 영어로 주문 좀 해볼까 덤벼봤습니다. 자신 있게 "Excuse me."를 외쳤지만, 그다음이 문제였습니다. 또 목구멍에 걸렸던 거죠. 이놈의 목구멍. 결국 소심하게 메뉴를 손가락으로 가리키며 웅얼거렸습니다.

"This 디스…"_이거…(요).

제가 영어 10년 배워도 말 한마디 못한다는 영어 광고의 주인공이 될 줄은 몰랐습니다. 마녀에게 목소리를 뺏긴 인어공주는 아무리 해도 목구멍 너머로 말이 나오지 않죠. 저 역시 마법이라도 걸린 양 영어만 하려면 단 한 마디도 입 밖으로 나오지 않았습니다.
영어거부증, 영어울렁증. 아는 말도 안 들리는 영어난청증.
스물세 살 심신 건강한 처자가 영어에 있어서는 증상이 한두 가지가 아니었습니다.

어떻게 이 문제를 극복할 수 있었을까요?

달달 외우면
입이 트인다고?

그즈음 저는 본격적으로 스피킹 학습법을 찾아보았습니다. 친구나 선배들에게 대뜸 물어보기도 하고 인터넷에서 줄기차게 검색해보기도 했죠. 서점으로 달려가 영어 학습서 코너에서 쭈뼛거리며 공부법 책을 꺼내 보기 시작했습니다.

가장 먼저 떠오른 생각은 이랬습니다. "문법 공부부터 다시 할까?" 중학교 교과서로 다시 시작하는 영문법 컨셉의 책들이 저를 유혹했고, 단어를 연결해 문법에 맞춰 말한다는 발상의 친근함에 끌리기도 했습니다. 하지만 이내 마음을 돌렸습니다. 10년 동안 공부한 게 문법이었는데 되풀이하고 싶지 않았죠. 원래 문법을 몰랐던 것도 아닌데 거기 단어를 끼워 맞춘다고 원하는 스피킹을 할 수 있을까 의심스러웠습니다.

한국인이 성공하는 영어 스피킹은 따로 있다

선배들은 영어는 요즘 취업하려면 기본이라며 주로 어학연수 얘기를 했습니다. 하지만 큰돈이 들고 휴학까지 해야 해 부담스러운데다가 성공보다는 실패 사례가 많이 들려왔습니다. 친구의 친구가 어학연수 갔다가 한국 친구와 놀다가 돈만 날렸다더라, 라는 식의 소문이 무성했습니다.

원어민 과외나 전화 영어 광고에도 귀가 솔깃했습니다. 그런데 학교 회화 수업에서도 말 한마디 못했는데 비싼 돈 내고 일대일 과외를 받는 건 말 못 한다는 걸 재확인하는 꼴일 것 같았습니다. 한두 번으로는 안될 텐데 주머니 사정도 고려해야 했고요.

그나마 당장 실천할 수 있는 방법을 찾았습니다. 고등학생 때 영어를 배웠던 EBS 선생님이 영화 한 편을 50번 보며 달달 외우면 영어를 쉽게 정복할 수 있다고 하시더라고요. 주인공의 제스처나 표정까지도 완벽하게 따라 하고 체화해야 한다는 말과 함께요.

영어 원서 암기도 추천되는 공부법이었습니다. 《누가 내 치즈를 옮겼을까?(Who Moved My Cheese?)》나 《선물(Present)》 같은 베스트셀러 자기계발서 한 권을 통째로 암기하면 영어 실력도 인생도 달라진다고 했습니다. 결국에는 한 편, 한 권, 한 문장을 여러 번 반복하면서 외워라! 였습니다. 아주 역사가 유구한 공부법이죠.

일단 영화 한 편을 외워보기로 했습니다. 당시에 좋아했던《러브 액츄얼리(Love Actually)》는 이미 3번 정도 본 터라 50번 보려면 이제 47번 남았으니 그나마 낫겠다는 순진한 생각을 했죠. 그 후 영어 책에도 도전하자 결심했습니다. 마음을 먹고 나자 희망적인 기분이 들었습니다.

"그래, 이 한 편만 정복하자. 이젠 회화 시간의 굴욕도, 여행지에서의 무안함도, 딸리는 스펙도 없는 거다. 영어 스피킹에 꼭 성공해서 나의 암울한 미래를 고쳐 보자."

봄옷 장만하듯 설레는 마음으로 영화 DVD도 구매하고 학교 도서관에서 스크립트 책도 빌렸습니다. 빨리 영어를 끝내버리고 싶었기 때문에 계획을 빡빡하게 잡았습니다.

"3개월이면 다 외우지 않을까? 하루 열 시간이고 열두 시간이고 올인 하는 거야. 3개월 동안은 죽었다고 생각하고 이것만 외우자. 그리고 나는 다시 태어난다."

● 난관 1: 흉내도 못 낸다

영화를 틀고 컴퓨터 앞에 앉았습니다. 책을 펼치고 심호흡을 합니다. 인생 역전을 위한 첫 발걸음을 내딛습니다. 호기롭게 첫 장면을 감상합니다. 스크립트 상 3쪽 정도 되는 앞 장면을 서너 번 돌려본 뒤 오늘은 첫날이니 딱 10문장만 외워볼까 하고 시작합니다. 그런데 아뿔

싸. 이게 뭐죠? **자막과 함께 볼 때는 몰랐는데 문장이 너무 빨라 도무지 따라 할 수가 없습니다.** 스튜디오에서 천천히 녹음한 듣기 평가에 길들여진 저는 실전 속도로는 혀 한 번 내두를 수가 없습니다. 일단 영화를 끄고 스크립트만 읽어보지만 원어민 배우와는 소리가 정말 다릅니다. 주인공은 맛깔나게 말하는데 저는 그냥 국어책을 읽고 있습니다.

● 난관 2: 아는데 모르겠다

게다가 문장을 해석해야 하는데 알고 있는 문법 지식을 총동원해도 중간 중간 무슨 말인지 잘 모르겠습니다. 예를 들어 "I've had it." 같은 문장이 나오면 현재완료인데 계속적 용법인가 완료적 용법인가라며 분석하고 앉아있는 제가 답답했죠. 더 억울한 것은 I, have, had, it. 모두 아는 단어라는 것. **모르는 단어면 사전이라도 찾을 텐데 구어체 회화 문장들은 다 쉬운 단어인데도 들리지도 않고 이해도 안 된다는 사실이 막막했습니다.**

한 편만 외우면 된다고 생각했는데 한 쪽을 외우는 것도 너무 어렵고 재미가 없습니다. 금방 지루해져 진도가 안 나갑니다. 영화 전체를 50번씩 돌려본 것은 아니지만 한 장면을 듣기 위해서 50번은 구간 반복을 한 것 같은데 여전히 막막합니다. 잘 외워지지 않으니 재미가 없고 결국은 오늘 하루만 쉴까 싶습니다. 벌써 내일부터 할까 미룰 생각이 굴뚝같으니 역시 나는 의지박약인 걸까요. 첫 장면부터 이렇게 어려운데 어떻게 영화를 외울 수가 있죠? **영화 한 편을 외운 사람들은 천재인가요?**

한국인이 성공하는 영어 스피킹은 따로 있다

03

외워지지도 않는 걸
언제까지 붙드나

전전긍긍할 뿐 한동안 진도가 나가질 않았습니다. 내가 생각하는 영어 공부는 좀 더 근사한 건데, 몇 개월 뒤 나를 원어민 반열에 올려놓을 첫걸음인데 이게 맞는 건가 싶었죠. 내가 모르는 요령이 있나 해서 스크린 영어 학원도 수강했지만 비슷한 문제가 계속 생기더라고요. 무조건 많이 듣고 따라 하라는데 발음도 못 따라 하겠고 왜 저렇게 얘기하는지도 모르겠으니 답답하고 흥미가 떨어졌죠. 해석이 안 되는 문장을 강사님께 물어보면 "그냥 계속 듣고 하다 보면 알게 돼요, 물어보지 말고 외우세요."라는 답변만 메아리처럼 돌아왔습니다. 하지만 저는 외워지지도 않는 걸 언제까지 붙드나 싶더라고요.

자괴감을 느끼며 잠시 공부를 중단했습니다. 시작부터 이 모양이니 나는 결국 성공 못 할 팔자인가보다 했죠. 그래도 목표를 놓을 수는 없었습니다. 왜 누군 되고 누군 안 되는 거지 싶어 영화를 통째로 암기한 사람들의 성공 사례를 찾아봤습니다. 강원도 산골에서 사는 소년이 우연히 친척 어른이 사준 디즈니 만화영화를 테이프가 닳도록보고 외워서 영어에 능통해졌다는 얘기를 들었습니다. 그 친구는 어릴 때부터 동네에서 소문이 자자할 정도로 '타고난 언어 감각'이 있었다더군요.

언어 감각이라. 외우기만 하면 된다며 굉장히 단순한 것처럼 이야기들 하지만, **막상 영화 한 편을 다 외웠다는 친구는 제 주변에 단 한명도 없었습니다.** 결국 그 언어 감각이 있는 1퍼센트가 영화도 외울 수 있는 걸까요? 언어 감각이 뛰어나다는 것이 어떤 것인지 알아내야겠다 싶었죠.

3개월 내로 성공하겠노라 대문짝만하게 붙여놓은 글귀가 무색하게 제첫 번째 시도는 수포로 돌아가고 이번에는 언어 감각에 대해 연구하기시작했습니다. 그 비밀만 알아낼 수 있다면 나에게도 영어가 좀 더 수월해지지 않을까 싶었습니다. 보통은 타고난다는 언어 감각을 키운다니 말이 안 되는 발상 같았지만 좀 더 가볍게 생각해봤습니다. 천재적인 화가나 음악가의 예술 감각도 아니고, 누구나 쓰는 언어에 관한 것이니까요. 쇼핑을 즐기다가 패션 감각이 좋아지고, 데이트를 준비하다가 유머 감각이 좋아지고 요가 학원에 다니다가 균형 감각이 좋아지는 것처럼 언어 감각도 후천적으로 키울 수 있지 않을까요?

더 이상 내 노력 부족으로 영어를 못한다는 생각을 하고 싶지 않았습니다. 자꾸만 그렇게 귀결되더라고요. '내가 노력을 덜 했기 때문이다.'

하지만 다이어트를 하는 두 친구가 있는데 잘 빠지는 체질이 있고 안 빠지는 체질이 있다고 가정해봅시다. 같은 노력을 해도 잘 빠지는 체질이 더 수월하겠죠. 같은 양을 먹고 있는 둘 중 후자에게 더욱더 열심히 쫄쫄 굶으라고 한다면 얼마나 억울할까요? 살이 잘 빠지는 체질처럼 **만약 영어가 잘 외워지고 말이 잘 나오는 체질이 있다면 얼마나 좋을까요? 그 체질이 될 수는 없는 걸까요?** 한동안 이 문제에 엉뚱하리만치 집착하다보니 영어 스피킹을 잘하게 된 사람들에겐 두 가지 공통점이 있다는 것을 발견하게 되었습니다.

● 구조가 잘 보이는 사람들

첫 번째는 영어 문장을 보면 어디서 끊어야 할지 알겠다는 사람들이었습니다. 어순 감각에 특출한 재능이 있는 아이가 있는데, 다섯 살때 영어 동화책을 보여주니 반복되는 문법을 금방 찾더랍니다. be동사를 배우기도 전에 I 다음에는 항상 am이, You 다음에는 항상 are이 나오는 것을 파악해 따라 말했대요. 영어 동화책을 몇 번 읽더니 금방 외우고는 아직 한국어도 서툰 아이가 영어로 인터뷰를 했다더군요. 다소 과장된 느낌이긴 하지만 나도 이런 능력이 있으면 얼마나 좋을까 싶었습니다. 중고등학교 내내 문법이 재미있다는 친구는 거의 만나보지 못했는데, 신기할 따름이었습니다.

● 귀가 좋은 사람들

두 번째는 개그맨이나 가수, 랩퍼 또는 음악 영재들이 영어에 성공한 케이스였습니다. 좋아하는 팝송, 랩, 영화를 따라 하다 보니 저절로 영어를 잘하게 되었다고 합니다. 개그맨에게 흔히 있는 능력이 뭔가요? 바로 성대모사 능력입니다. 어떤 소리든 비슷하게 따라 하는 능력이 있다 보니 외국어도 예외가 아니었습니다. 절대음감인 아이들 중에도 외국어 학습 성공 사례가 많았는데 어떤 아이들은 처음 듣는 외국어라도 단 한 번에 똑같이 발음할 수 있다고 했습니다. 이렇게 소리 감각이 좋은 사람들 중엔 오히려 책으로 공부하던 학창 시절엔 영포자에 가까웠다는 사람들도 있었습니다.

이런 기질이 있다는 건 파악했지만, 아무래도 타고나는 것 같았습니다. 둘 중 아무 능력이라도 있었으면 좋겠다고 생각하며 허송세월을 보냈습니다. 영어를 빨리 잘하고 싶은데 올바른 길은 모르겠고 이미 10년간 배웠는데 더 이상의 시행착오는 하기 싫다는 욕심만 가득가득 들어찬 상태였죠.

04

난 영어에
소질이 없나 봐

전 처음 온 수강생에게 아래 항목 중 어디에 해당하는지 체크하도록 합니다. 학습 스타일을 가늠해보기 위해서죠. 여러분들은 어느 쪽에 가까우세요?

1. 학창 시절 읽거나 필기하는 것을 싫어했다. 듣고 따라 하는 것이 더 편하다. 음악을 듣거나 노래 부르기 좋아한다. 리딩이나 문법 수업보다는 리스닝 시간이 맘 편하고 점수도 왠지 더 잘 나오는 것 같다.

2. 듣는 것보다는 눈으로 보는 것이 심리적으로 더 편안하다. 그냥 듣기만 하면 불안하기 때문에 눈으로 꼭 확인하고 적어

두기도 한다. 색 볼펜으로 필기하거나 다이어리 꾸미기에 나름 로망이 있다. 혼자서 읽고 끼적이는 것을 좋아한다. 시간이 없어서 그렇지 책읽기도 꽤 좋아하는 편.

확실한 정답은 없습니다. 1번과 2번 중 하나에 속할 수도 있고, 둘 다 내 얘기 같을 수도 있고 둘 다 와닿지 않을 수도 있죠.

사람은 새로운 것을 습득할 때 본인에게 더 편안한 감각기관을 쓴다고 합니다. 1번을 선택하셨다면 들으며 배우는 것이 편한 청각형 학습 유형입니다. 2번을 선택하셨다면 글이나 그림을 눈으로 보고 익히는 것을 더 선호하죠. 각자의 선택에 따라 다음과 같은 결과가 나옵니다.

- 1번이 2번보다 우세하다 = 청각형
- 2번이 1번보다 우세하다 = 시각형
- 비슷한 것 같다 = 청각형 + 시각형
- 둘 다 내 얘기 같지가 않다 = 후각형, 미각형, 촉각형 혹은 해당 사항 없음

청각형은 '소리 영어' 학습법에서 효과를 더 많이 볼 수 있습니다. 물론 청각형 학습법을 선호한다고 해서 언어 감각이 있다는 뜻은 아니기에 여전히 어렵다고 느낄 수 있지만, 독해보다는 팝송 따라 하기를

선호하고 스트레스도 덜 받는 유형입니다.

시각형은 학창 시절 공부에 비교적 잘 적응했을 가능성이 높습니다. 대한민국 교육과정은 시각형에게 유리하거든요. 수능, 토익 등 시험 점수는 높은데 실전에서 듣거나 말하기는 도무지 어렵다면 여기에 속합니다.

저는 두 유형의 수강생들을 모두 가르쳐봤어요. 청각형 수강생 분들은 발음 시간을 즐거워하고 또 금방 느는데 문장 만들기에 자신 없어하는 경우가 많았습니다. 시각형 분들은 문법 시간을 더 선호하는데 듣기는 잘 안 되거나 어렵게 말을 해도 외국인이 잘 못 알아들어서 발음에 고민이 있다고들 했죠. 청각형들은 문법 위주의 공부에서, 시각형들은 말하기와 듣기 공부에서 각각 난 영어에 소질이 없다고 느끼게 됩니다.

청각형과 시각형은 어린 시절에 어떤 감각을 더 많이 자극했는가와 관련됩니다. 책을 많이 보고 티비를 잘 안 보는 집에서는 시각형이, 음악을 많이 듣고 대화도 많이 하는 집에서는 청각형이 나올 가능성이 많죠. 대부분은 적절히 경험하기 때문에 두 가지가 비슷한 경우가 많습니다.

영어 공부가 가장 어려운 유형은 둘 다 아닌 경우입니다. 청각도 시각도 아닌, 다른 감각이 발달한 사람도 있습니다. 유독 냄새를 잘 맡는 친구가 하나쯤은 있을 거예요. 혹은 요리를 기막히게 잘하는 친구라면 미각이 남들보다 우월한 것입니다. 뭐든 잘 만드는 친구나 메이크업, 그림 그리기에 천재성이 있는 친구들은 시각도 있지만 촉각 또한 뛰어납니다.

어느 감각이 발달한 게 아니라면 직관형이나 이과형일 수도 있습니다. 성격테스트 MBTI에 따르면 직관형들은 오감으로 세상을 받아들이기 보다는 상상력이 더 발달했다고 합니다. 또 소위 '이과형'이라는 사람들은 숫자로 결론을 잘 유추해내는 자질이 있습니다.

하지만 언어는 거의 청각과 시각으로 배웁니다. 냄새 맡고 혀로 맛보고 손으로 만져서는, 또 상상력이나 숫자로는 영어를 배울 수가 없죠. 이런 유형은 새로운 언어를 배우기 유달리 어려워하며 '난 언어 감각이 정말 없나 보다'라고 결론짓기 쉽습니다. 여기서 미리 말해두자면, 극복할 방법은 얼마든지 있습니다.

시각형과 청각형의 유형별 차이는 가르치는 사람에게도 나타납니다. 한 수능 입시 스타 강사가 스피킹은 못한다고 솔직히 고백한 적도 있어요. 일부 시각형들은 발음은 중요치 않다고 주장하기도 합니다. 외국인 친구들과 어울려 다니고 소통하는 말하기보다는 문법적으로 올바른 고급스러운 문장을 만들어내는 능력을 더 중시하는 경우입니다. 반면 청각형들은 소리 영어가 진리라며 가르칩니다. 소리 영어에서는 문법은 신경 쓰지 말라고 주장하며, 문장을 분석하거나 뜻을 궁금해하지 말고 계속 소리를 따라 하다 보면 자연스럽게 실력이 향상된다고 하죠. 하지만 막상 소리 영어를 오랫동안 공부했던 선배는 항상 쉬운 문장도 잘 짓지 못하며 이게 맞는 문장일까 자신 없어 했어요.

두 방법 모두 장점과 한계가 있습니다. 시각형 방법으로만 파고들면 시험은 만점이고 문법은 고수인데 실전에서 듣고 말하기는 버거울 수 있습니다. 반면 청각형 방법으로만 너무 파고들면 문법적으로 틀린 문장을 인지하지 못한 채 말하거나, 항상 하는 말만 반복하는 경향이 있습니다.

● 언어 감각은 만들 수 있다

저는 전형적인 시각형이었습니다. 수능 외국어영역에서 만점을 받았었지만 자기소개조차 nervous 말고는 한마디도 못했죠. 계속해서 시험 영어 위주로 공부하거나 책으로 공부할 수도 있었지만 언어 감각의 유형을 알고 나니 제 한계를 벗어나고 싶었습니다. 전 욕심이 너무나 많아 시각형과 청각형 두 유형의 장점을 모두 갖고 싶었습니다. 발음이 좋으면서도 문법적으로도 올바른 문장을 말하고 싶었고, 외국인들과 소통하는 말하기를 하면서도 고급스러운 문장으로 말하고 싶었죠. 제가 영어 공부를 할 때는 두 가지를 다 정복하는 것이 목표였습니다. 지금은 후각형, 미각형, 촉각형, 심지어 해당 사항이 없는 수강생들까지도 문법 감각과 소리 감각을 균형 있게 키워서 영어를 쉽게 습득할 수 있도록 하는 게 제 인생의 목표가 되었어요.

05

한국인이 성공하는
스피킹은 따로 있다

3개월이면 다시 태어나겠다며 호들갑을 떨던 저는 영어 공부법을 알아보는데 시간을 다 써버렸습니다. 새 학기마다 같은 일이 반복되었습니다. 거창한 목표를 세우고 강력한 한 방을 찾다가 생각보다 안되니 열정이 다시 미지근하게 식어버리는 것 말이죠. 그나마 이번에는 나의 학습 유형을 알고 나니 왜 스피킹 공부가 힘들었는지 이해가 됐고 방향성도 좀 생긴 것 같았습니다.

학교에는 교환학생으로 온 외국인 친구들이 많았습니다. 여태껏 전 그 친구들에게 한 마디 물어보는 것도 힘들었습니다. 어차피 'Where are you from? What is your name?' 몇 마디면 바닥이 날 게 뻔했죠. 원어민 강사가 진행하는 영어 강의에서는 끝나고 질문을 하고 싶어도 용기가 안 났습니다. 영어 잘하는 친구들이 수업 중에 손을 들고 영어로 질문하거나 수업 끝나고 선생님과 친밀하게 대화하는 모습이 부러울 뿐이었어요.

첫 번째 목표를 일단 가까운 곳에 잡아보았습니다. 학교에 있는 외국인 강사나 외국인 친구에게 제대로 말 걸기로요. 단 한 문장이라도 유창하게 내 맘대로 만들어보자고요. 전 계속 중간 단계는 모두 다 건너뛰고 원어민 수준으로 떠드는 제 모습만 상상했거든요.

'일주일 만에 10킬로그램 빼고 인생역전!' 제 영어에 대한 태도는 그런 식이었습니다. 그런데 요요 없는 성공적인 다이어트는 그렇게 한 방에 되는 게 아니잖아요? 체질(학습 유형)도 파악해야 하고 식이요법과 운동 두 가지가 함께 가야죠. 영어로 치면 이 두 가지가 문법과 발음입니다. 또 한 방에 10킬로그램 빼는 게 아니라 1킬로, 2킬로, 시간을 두고 진행해야죠. 인생에서 한 번에 점프하는 법이란 없고 1, 2, 3, 4, 5, 6, 7, 8, 9, 10을 다 겪어야 된다고 합니다. 물론 욕심 같아서는 과정 없이 바로 10으로 가고 싶지만, 그래서 매번 영어 공부에 실패하지 않았나 싶었습니다.

저는 영어 스피킹 공부를 시작하는 분들께 첫 번째 목표가 뭐냐고 꼭 물어봅니다. **자신의 단기 목표**(3~4개월 후), **중기 목표**(6개월~1년 후),

최종 목표(1년~10년 후)가 선명해야 꿈만 크고 실천은 못하는 상황을 면할 수 있습니다. 하고 싶은 말을 몇 퍼센트나 표현할 수 있는지, 외국인 친구와 대화하거나 할리우드 영화를 보면 몇 퍼센트나 듣고 이해할 수 있는지에 따라 아래와 같이 목표가 나뉠 수 있습니다. 여러분의 목표는 어떻게 되나요?

내가 말하고 들을 수 있는 양	단계별 목표	공부기간
1%	영어로 간단한 자기소개 하기	1주
10%	한 문장을 자유롭게 만들어서 질문하기 가능	2주~1개월
20%	상대와 3~4번 서로 주고받는 대화	1~3개월
30%	대화가 되는 여행 영어, 기본회화 (돌발 상황 제외)	1~4개월
40%	20분 이상 대화, 돌발 상황 대처 가능	4~8개월
50%	해외 생활 가능, 영어 업무 가능	8개월~1년
60%	영어로 30분~1시간 이상 프레젠테이션 가능	1년~2년
70%	하루 종일 영어를 쓰며 외국인들과의 업무	2년~4년
80%	원어민들을 관리할 수 있는 수준	4년~6년
90%	거의 원어민 수준 (외국인이 갈 수 있는 최대)	6년~10년
100%	원어민 부모에게서 태어난 원어민	

가장 많은 분들이 원하는 단계가 30~40퍼센트, 즉 간단한 대화를 주고받는 여행 영어 정도의 단계인데 이 정도는 영화나 책을 다 외우지 않아도 됩니다. 전 10퍼센트 단계만큼 먼저 입을 트고 또 언어 감각이 생겨 2~30퍼센트 정도까지 하고 싶은 말을 할 수 있게 되자 영화나 책 같은 실전 영어가 쉽게 외워지더라고요. 제가 특별히 재능이 있어서 그런 것은 아니었습니다. 수강생 분들도 1~3개월이면 대개 여행 영어에 성공하셨고 이후 더 성장하고 싶은 분들도 단계를 밟아가며 차근차근 올라갔습니다.

전 아직도 하고 싶은 말을 처음 문장으로 만들어 질문해본 것, 외국인 친구와 대화한 순간, 해외 생활과 영어 업무가 가능해진 순간, 원어민을 관리하는 업무를 맡고 결국 원어민 강사들이 맡던 자리에서 가르치게 되었던 순간까지 모든 과정이 생생합니다. 단계를 밟아 올라가는 기쁨은 그만큼 컸어요.

이 책에서 목표에 따라 발전할 수 있었던 과정과 방법론을 장마다 소개합니다. **문장이 잘 외워지고 대화가 가능해지는 영어식 문법 감각을 갖추고 싶다면 2장을 중점적으로 보세요. 외국인들이 못 알아듣는 일 없이 발음 교정을 하고 리스닝도 문제없도록 실력을 끌어올릴 수 있는 소리 감각을 배우고 싶다면 3장을 보시면 됩니다. 성공적인 어학연수 등 해외 생활을 꿈꾸고 있다면 4장을, 영어 업무 환경에서 일하고**

한국인이 성공하는 영어 스피킹은 따로 있다

싶다면 혹은 그런 기회가 생겼다면 5장을, 그 이후 원어민 수준으로 잘하고 싶은 막연한 꿈을 이룰 수 있는 구체적인 방법을 알고 싶은 분은 마지막 6장을 집중적으로 보시면 됩니다. 우리 보통의 한국인이 겪는 상황 안에서 영어 공부에 성공할 수 있는 모든 방법을 내 목표에 맞게 찾으실 수 있을 거예요.

내가 얼마만큼 가고 싶은지를 그 기준은 나에게 두어야지 영화 한 편이나 영어 원서 한 권에 기준을 두면 안됩니다. 목표는 구체적일수록 좋습니다. 아래는 제가 받았던 수강생 분들 3~4개월 후 이루고 싶은 단기 목표이며 모두 이루셨던 것들입니다.

● 단기 목표:

- 회사 근처에서 자꾸 길 물어보는 외국인에게 유창하게 답해주기
- 이번 여름방학에 가는 미국 여행에서 가족들 데리고 다니면서 영어 유창하게 하기
- 회사에서 제시한 스피킹 시험 마지노선 점수 통과하기
- 영어 공부에 재미를 느끼고 영어 공부를 습관으로 만들기
- 학교 동아리 영어 면접 통과하기
- 내 영어 발음에 자신감을 갖기

- 학교 원어 강의 신청해서 듣고 좋은 학점 받기
- 아이에게 영어 동화책 원어민 발음으로 읽어주기

목표가 크든 작든 남들이 어떻게 생각할지는 전혀 중요하지 않습니다. 절대로 포기하고 싶지 않은 나만의 영어 목표를 만드세요. **영어 스피킹에 성공하려면 구체적인 단기 목표를 세우고 나서 언어 감각부터 먼저 키우는 게 필수적이랍니다.**

한국인이 영어 성공하는 **Tip**

| 당장 몇 마디라도 자유롭게 하고 보자 |

● QR코드1 자기소개 준비

이런 얘기를 들은 적이 있습니다.

"선생님 저는 영어를 십 년 배웠어도 자기소개 하나 못해요."

영어를 못하는 게 아닙니다. 혹시 이런 생각을 하고 계시진 않나요?

'내가 영화를 한 편 외우고 나면, 영어 책 한 권을 마스터 하면, 어학

연수를 몇 년간 다녀오면, 영어로 자기소개 정도는 유창하게 할 수

있겠지?'

10년 배웠어도 자기소개도 못하는 게 아니라 자기소개는 그냥 미리

한번 준비하고 연습한 뒤 써먹으면 되는 거죠. 영어를 못한다기보다

는 딱히 할 말이 없으니 "I'm nervous." 하고 마는 것입니다. 한국어

면접에서도 갑자기 자기소개 해보세요 하면 당황해서 아무 말도 안

나올 수 있습니다. 영어는 외국어인데 오죽하겠어요.

제 첫 수업에서 제일 먼저 드리는 과제가 나만의 자기소개 준비하기 예요. 이 덕을 톡톡히 본 분도 있었답니다. 갑자기 생긴 사내 영어 모임에서 영어로 자기소개를 하라고 해서 다들 조용해졌는데 본인만 신나게 말하고선 인사고과에 반영되었다는 얘기를 들었죠. 회사에 걸려온 해외 전화를 받고 본인에 대해 이것저것 물어보는데 미리 준비되어 있던 자기소개 덕분에 자신 있게 대답했다는 후기도 있었답니다.

영어를 못하는 게 아니라 그저 미리 한 번 준비해본 적이 없었던 것 아닐까요? 아래 자기소개 용지에 나만의 자기소개를 먼저 만들어보세요. 뭐라고 말해야 할지 모를 수도 있고 혹은 내가 말한 문장이 틀릴까 봐 걱정될 수도 있어요. 소리 감각이 있어야 발음을 제대로 하고 문법 감각이 있어야 영어식으로 문장을 만들긴 하지만 그 부분은 이 책을 읽어가면서 점점 키워가면 되니, 일단 꿀 먹은 벙어리만 면하자고요.

한 예능 프로에서 외국인 게스트들이 입담 좋은 개그맨 조세호 씨에게 영어로 말해보라고 시킨 적이 있었어요. 미리 준비를 했는지 네 줄 정도의 짤막한 자기소개를 유창하게 말했죠. 이름과 나이, 본인은 유명한 개그맨이고 만나서 반갑고 좋은 시간 갖자는 정도의 간단한 문장이었지만 모두들 영어를 정말 잘한다며 박수를 쳤습니다. 우리

한국인이 성공하는 영어 스피킹은 따로 있다

도 첫 출발은 그렇게 하면 되지 않겠어요?

문제는 문장을 한국식으로 만들어서 어색한 경우입니다. 여기서는
영어식으로 자기소개를 하는 법을 알려드릴 테니 그대로 따라오시
면 멋진 자기소개가 될 거예요. 우리말 문장을 그대로 번역해서 말하
는 것은 대본 읽는 느낌이라 소용이 없답니다. 제가 수강생 분들에게
자기소개를 받아보면 열이면 아홉은 이렇게 씁니다.

● 많은 분들이 쓰는 자기소개

Hi! My name is Gil-Dong Hong and you can call me Hong. I'm 24
years old. My hometown is Daegu but I'm living in Seoul now. My
family is three, father, mother and younger brother. My university
is ABC university and my major is computer design. So I am a LG
graphic designer now. My hobby is watching movie. My goal is to
speak English fluently.

여기서 좀 더 영어답게 손질해볼까요?

1. 이름 말하기

첫 만남에서 이름 석 자를 다 말할 필요는 없습니다. 또 우리가 잘 쓰는 "You can call me~."는 원어민들은 그렇게 자주 쓰지 않아요. 그들이 불러줬으면 하는 닉네임나 영어 이름을 바로 말하면 됩니다. 예를 들어 저는 "Hi, I'm Estell."이라고 시작합니다. 영어 이름이 없으면 석 자를 다 써도 되지만 한자만 떼서 닉네임으로 써도 좋습니다. 서양인들도 본인 이름을 짧게 만든 닉네임을 많이 씁니다. 예를 들어 미국 친구가 본인을 "I'm Jack."이라고 소개해서 계속 그렇게 불렀는데 나중에야 Jacklyn이라는 full name을 알기도 했죠. 홍길동인데 성인 '홍'으로 불리고 싶다면 'My name is Hong.' 또는 'I'm Hong.'으로 시작하면 됩니다.

Hi! My name is Gil-Dong Hong and you can call me Hong.(×)
→Hi! My name is Hong

2. 나이 말하기

나이 숫자 뒤에 years old를 꼭 안 붙여도 됩니다. years old는 한국어로 치면 '-세', '-살'에 해당하는데 우리도 '전 스물아홉이요.'라고 하지, 스물아홉 살, 29세라고 꼭 붙이지 않는 것처럼 영어도 구어체에서는 좀 더 편하게 말할 수 있습니다.

I'm 24 years old.(×)

→ and I'm 24.

3. 고향 말하기

영어는 주어 I로 말하는 것을 좋아합니다. '제 고향은 대구입니다.'를 그대로 번역하느라 'My hometown is Daegu.'라고 많이들 하지만 원어민은 잘 안 쓰는 문장이라는 사실! 주어 I를 살려 'I'm from Daegu.'라고 해주세요.

My hometown is Daegu.(×)

→ I'm originally from Daegu. (또는 I was born in Daegu.)

4. 현재 사는 곳과 가족관계 말하기

현재 사는 곳을 말할 때 실수로 '나는 지금 서울에 살고 있어요'를 번역해 'I'm living in Seoul, now.'로 말할 때가 있습니다. 하지만 'I'm

living now'는 잠깐 머물고 있는 '중'이라는 느낌이기 때문에 그냥 live
로 쓰면 됩니다. 현재 같이 사는 가족만 with로 붙여서 간단하게 말
하되 가족 앞에는 한 명을 뜻하는 관사 a나 my를 꼭 붙여주세요.

but I'm living in Seoul now. My family is three, father, mother and
younger brother.(×)
→ but I live in Seoul with my parents and a younger brother.

5. 대학과 전공 말하기

대학을 말할 때도 주어 I로 말해주세요.

My university is ABC University. _저의 대학은 ABC 대학입니다.(×)
→ I go to ABC University(college). _저는 ABC 대학교에 다녀요.(○)

현재 대학생이라면 굳이 대학 이름을 말하지 않고 간단하게 'I'm in
college.'라고 할 수도 있습니다. 대학에 속해 있다는 것이죠.
직장인이라면 과거형으로 'I went to ABC University(college)'. '저는
ABC 대학교에 다녔어요'라고 할 수 있겠죠.
전공도 I로 말합니다.

한국인이 성공하는 영어 스피킹은 따로 있다

My major is Chinese. 저의 전공은 중국어입니다.(×)

→ I'm majoring in Chinese. _중국어를 전공 중이에요.(대학생)(○)

→ I majored in Chinese. _중국어를 전공했었어요.(졸업 후)(○)

그러니까 컴퓨터 디자인을 전공했고 현재 직장인인 홍길동 씨의 경우는 이렇게 바꾸면 됩니다.

→ I went to ABC University and I majored in computer design.

6. 직장 말하기

My job is designs. My company is Google.(×)

여기서도 주어를 I로 바꿔봅니다. 먼저 소속 회사를 내가 일하는 곳이라고 말해볼까요?

→ I work for Google. _저는 구글에서 일해요.(구체적인 회사 이름)

→ I work for a trading company. _저는 무역 회사에서 일해요.(회사 분야)

→ I work in the PR department. _저는 홍보 부서에서 일해요.(부서)

그리고 직업을 말할 때도 '내 일이 무엇이다'라고 말하기보다는 나는 무엇이다, 혹은 내가 무슨 역할로 일하고 있다는 표현이 더 일상적입니다.

My job is designs. _제 일은 디자인입니다.(×)

→ I am a designer. _저는 디자이너입니다.(○)

→ I work as a designer. _저는 디자이너로 일하고 있습니다.(○)

하나로 엮어 표현해볼까요?

→ I work for Google as a graphic designer.

● **다른 예**

I run a trading company. _저는 무역 회사를 운영해요.

I'm a teacher. _저는 선생님이에요.

I'm a housewife. _저는 주부입니다.

7. 취미 말하기

My hobby is reading.(×)

→ I enjoy reading books in my spare time.(○)

취미를 말할 때도 굳이 'hobby'라는 말을 쓰지 말고 주어 I와 enjoy/ like ~ing로 말하면 됩니다.

취미를 말할 때 저지르는 흔한 실수가 좋아하는 대상을 언급하며 -s 를 빼먹는 거예요. book이 아니라 books, movie가 아니라 movies입 니다. 영화 보기가 취미인 사람은 일주일에도 여러 편의 영화를 봅니 다. 복수형(-s)으로 써야 한다는 것, 잊지 마세요. 작은 차이 같지만 자연스러움에 있어서는 큰 차이를 만듭니다.

→I like watching movies in my spare time.

● **다른 예**

I like reading history books in my spare time.

I like watching American movies in my free time.

8. 마무리

목표나 포부를 말하며 마무리할 때도 주어 I를 살려 말합니다.

My goal is ~.(×)

→I want to ~. I'm going to ~. I'd like to ~.

여기에 '좋은 시간 보내자.' 같은 말을 더하고 싶다면 'Let's have a great time.' 정도의 문장으로 끝맺으면 되겠죠.

→ I'd like to speak English better. Let's have a great time.

● 교정된 영어식 자기소개

Hi! My name is Hong and I'm 24. I'm originally from Daegu, but I live in Seoul with my parents and a younger brother. I went to OO University and I majored in computer design. I work for Google as a graphic designer and I like watching movies in my spare time. I'd like to speak English better. Let's have a great time.

● 직업별 자기소개 예시

직업별로 예시를 참고해 당장 써먹을 수 있는 나만의 자기소개를 준비해봅시다.

대학생 김수정님: Hi, I'm Soo. I'm 25 and I live in Bundang. I'm originally from Jeonju. I'm majoring in history, so I like reading books about Korean history in my spare time. I'm going to take a teacher certification exam to be a high school teacher. I'm so happy to meet you. Let's have a great time!

_안녕하세요. 전 Soo입니다. 전 올해 스물다섯이고 분당에 살고 있어요. 제 고향은 전주이고요. 전 역사를 전공해서 취미로 역사에 대한 책을 읽는 것을 좋아해요. 고등학교 역사 선생님이 되기 위해서 임용고시를 준비 중입니다. 오늘 만나서 너무 기쁘고요, 좋은 시간 가져 보아요.

직장인 이상호님: Hi, my name is James and I'm 35. I live in the city of Busan. I went to ABC University and majored in business administration. I work in the PR department of a travel agency. I like watching dramas in my free time, so I can recommend you a good one if you like. I hope to run my own business in three years. I'm glad to meet you guys, and let's have fun!

_안녕하세요. 제 영어 이름은 제임스입니다. 전 서른다섯이고 부산에 살아요. 전 ABC 대학교를 나왔고 경영학을 전공했어요. 지금은 여행 전문 회사의 홍보 부서에서 일하고 있어요. 전 쉴 때 드라마 보는 것을 워낙 좋아해서 원하시면 재미있는 드라마도 추천해드릴게요. 전 3년 안에 저만의 사업을 가져보는 게 목표입니다. 만나서 정말 좋고요 즐거운 시간 보내요.

주부 유희영님: Hi, I'm Hee. I'm 33 and I'm a housewife. I have two children. My son is 7 and my daughter is 5. I majored in literature and I love learning new languages. I like studying English in my spare time and I want to be a great teacher for my kids. I also enjoy travelling, which is why I'm always learning English. It's nice to meet you, and I know we'll have a wonderful time.

_안녕하세요. 저는 Hee라고 불려요. 제 나이는 서른셋이고 주부입니다. 저는 일곱 살짜리 아들과 다섯 살 딸아이가 있어요. 저는 대학 때 문학을 전공했고 새로운 언어를 배우는 것을 좋아해요. 그래서 여유 시간에 영어 공부하는 것을 좋아하고 우리 아이들에게도 좋은 영어 선생님이 되고 싶어요. 저는 여행하는 것도 좋아해서 영어를 열심히 공부하는 이유에도 한 몫한답니다. 모쪼록 만나서 정말 반갑고요 오늘 좋은 시간 될 것 같네요.

그럼 여러분만의 자기소개를 아래 적어보세요.

Hi. I'm (영어 이름이나 닉네임 _____).

I'm (나이 숫자 _____).

I'm from (고향 _____) 또는 I live in (사는 곳 _____)

with (가족 _____).

대학생: I'm majoring in (전공 _____)

직장인: I majored in (전공 _____) and

I work for (회사 _____)

주부: I'm a housewife and I have (_____)-year-old son / daughter.

I like (취미: _____ ~ing) in my free time.

I want to (목표 _____).

It's nice to meet you and let's have a great time.

내가 준비한 얘기는 나로부터 시작했기 때문에 잘 외워집니다. 교정된 내용을 시간 차를 두고 세 번 정도 연습해보면 완전히 내 것이 되니 당장 기회가 있을 때 영어로 말해보세요! 그럼 첫 단추를 채운 상태에서 이제 본격적인 스피킹 성공 여행을 떠나봅시다.

Chapter 2

일단 입부터
트고 보자

말 안 나오게 하는 학교문법
vs. 말 잘 나오게 하는 머릿속 문법

앞으론 두 번 다시 '새해 목표는 영어 공부, 결과는 작심삼일'을 반복하고 싶지 않았기 때문에 제가 포기하지 않을만한 장치가 필요했습니다. 억지 노력만으로는 한계가 있다고 생각했죠. 예상하는 바로는 '언어 감각'이 바로 그 장치일 텐데 이놈의 언어 감각을 어떻게 키우는 걸까요? 괜한 고민이 아닌가, 이럴 시간에 차라리 단어 하나라도 더 외워야 하지 않을까 하는 불안에 자주 사로잡혔습니다.

● 그 문법이 그 문법이 아니다

먼저 파고들었던 것은 문법 감각이었습니다. 소리 감각도 가지고 싶었지만 학창 시절 발음에 관해 거의 배워본 적이 없기도 했고, 또 제 자신이 시각형이었기 때문에 자연스레 이쪽 길로 먼저 들어섰습니다. 하지만 그렇다고 《성문 종합영어》를 다시 붙든 것은 아니었습니다. 하늘은 스스로 돕는 자를 돕는다더니 우연히 해결의 실마리를 찾을 수 있었습니다. 필수 전공도 아니고 선택으로 들었던 외국어 수업 시간에 담당 교수님께서 지나가며 했던 말이 제 영어 인생을 바꿔놓을 줄은 몰랐어요.

> "영어 문법에는 크게 두 가지 종류가 있어. 학교 문법은 옛날 문법이고, 미국인들은 머릿속 문법으로 말하는데 최근 문법 연구는 그런 방식이야."

머리가 쭈뼛 서는 느낌이었습니다. 수업 끝날 때까지 이 말만 계속 되새겼습니다. 영문법은 당연히 학교에서 배운 게 전부라 생각했지 이 세상에 다른 종류의 문법이 있을 거라고는 상상도 못했습니다. 수업이 끝나자마자 검색 창에 '학교 문법'이라고 검색을 해보았는데 온라인 백과사전에 항목이 뜨는 것이었습니다. 너무 흥분해서 몇 날 며칠을 찾아봤던 기억이 납니다.

학교 문법은 '전통 문법'이라고도 하는데 문법학자들이 책상에 앉아 '올바른 문장은 이러이러해야 한다.'라고 책에 정리를 해놓은 것이라고 합니다. 이 문법은 맞다, 틀리다 하며 시험 문제 내기 좋지요. 우리가 학창 시절 그토록 두려워하던 '다음 보기 중 문법적으로 틀린 것은?'에 딱 맞는 공부 방식인 거죠. 문법 책에서 배웠던 소소한 지식까지 기억해뒀다가 답을 맞춰야 하는 아주 힘든 작업입니다. 그래서 어찌 보면 말 안 나오게 하는 문법인 셈입니다. 이 학교 문법을 너무 의식하게 되면 말할 때도 토씨 하나하나 책의 원칙에 맞나 고민하며 집착하게 되기 때문이죠.

하지만 새로 나온 문법 학파는 맞고 틀리고를 그리 중시하지 않는다고 해요. 연구 방식 자체가 다릅니다. 마치 외계인이 영어라는 새로운 언어를 관찰하듯 원어민들이 왜 그렇게 말을 하는지 뉘앙스와 어순을 파악하는 문법이라고 합니다. 그래서 원어민 머릿속에 들어 있는 문법이라는 겁니다.

이 개념을 알게 된 것만으로도 엄청난 가능성이 생겼습니다. 문법에 대한 딜레마를 해결할 수 있을 것 같았어요. 문법책을 열심히 공부했지만 말이 전혀 안 나왔는데 그렇다고 문법에 안 맞는 엉뚱한 문장을 말할 순 없는 노릇이니까요. **책에 있는 문법 용어를 몰라도, 문법 법칙을 일일이 의식하지 않아도 문법에 맞게 말하는 것, 한마디로 원어민처럼 말하게 해주는 문법이 따로 있다고 생각하니 그렇게 두근거릴 수가 없었습니다.** 말이 안 나오게 하는 문법 말고 잘 나오게 하는 문법이라니. 그렇다면 이제 잘 나오는 문법으로 익히면 되는 것이었습니다.

한국 교육과정에서 배우는 문법은 대부분 학교 문법, 혹은 전통 문법입니다. 일본에 소개된 미국 전통 문법책이 그대로 번역되어 들어 왔는데, 수능 입시를 위해서는 제격이죠. 한국 학생들은 미국 대학의 문법 시험에서 대부분 낮은 점수를 받는다고 합니다. 하지만 문법 시간에는 수업이 너무 쉽다며 불평해 교수님들이 당황해한다고 해요. 한국 학생들이 가지고 있는 영문법 지식은 네이티브보다도 해박해 문법에 강하다지만 막상 말은 잘 못하거나, 하더라도 그 학생의 스피킹을 분석해보면 오류투성이인 경우가 많다고 합니다. 즉, 말 안 나오게 하는 문법인 전통 문법에는 강하지만 말 잘 나오게 하는 머릿속 문법에는 약하다는 거죠. 그래서 미국 영문법 시간에 강사들은 grammar in use, 즉 내가 말하는 문맥에 따른 올바른 문법 사용을 강조합니다. (김아영,《미국에서 가르치는 영문법》참고)

어딘가 익숙하지 않으세요? 한국에서도 잘 알려진 원서 문법 시리즈의 제목이 바로 이《그래머 인 유즈(Grammar in Use)》입니다. 머릿속 문법에 대한 대표적인 책 중 하나죠. 그 외에도 '인지 문법'이라 제목이 붙은 책은 모두 머릿속(인지) 문법에 관한 책입니다. 한국에도 인지 문법 관련 수업이 많이 생겼지만 막상 수업을 들어보면 전통 문법대로 설명하면서 인지 문법책의 예문만 활용하는 경우가 많습니다. 해외 인지 문법서를 잘 활용하려면 원어민들이 '왜' 그렇게 말하는지 설명하는 부분에 주목해야 합니다. 그래서 저는 제가 외계에서 온 생명체이고 원어민 영어 대화를 녹음하러 다닌다는 엉뚱한 상상을 하며 그들이 '왜' 그렇게 말하는지를 배우려고 했죠.

학교 문법과 머릿속 문법을 세 가지 예로 비교해볼 테니 어느 쪽이 말하는데 도움이 되는지 느껴보세요.

● QR코드2 **머릿속 문법**

① 현재완료

현재완료 용법을 풀이할 때, 학교 문법에서는
어떻게 말하는지만 가르칩니다. 보통 이런 식이죠.

> "현재완료는 have/has 다음에 과거분사 p.p.를 붙인다. 용법에
> 는 계속적용법, 결과적용법, 경험적용법, 완료적용법 네 가지
> 가 있다."

이렇게 배우면 책상에서 공부하기에는 좋죠. **그러나 중요한 것은 원
어민들이 '왜 굳이' 이렇게 말하는지 아는 것입니다.** 원어민이나 한국
인이나 같은 사람인지라, 왜 그렇게 말하는지 알면 우리도 비슷한 감
정이 들었을 때 똑같이 말할 수 있어요.

한국인이 성공하는 영어 스피킹은 따로 있다

한국어에서도 우리가 '그 남자 만났어'라고 말할 때도 있지만 '그 남자 만난 일 있어'라고 할 때도 있습니다. 첫 번째는 과거시제로, 두 번째는 현재완료로 말하는 것인데요.

I met him. _나 그 남자 만났어.(과거)

I have met him. _나 그 남자 만난 일 있어.(현재완료)

왜 첫 번째로 말해도 될 것을 굳이 두 번째처럼 말을 할까요? 현재완료는 이런 느낌입니다.

I have met him. So… _나 그 남자 만난 일 있어. 그래서 말인데…(현재완료)

반면 '만났어'는 과거 시점에 일어난 일을 묘사하고 끝입니다.

I met him yesterday. _어제 만났어. (더 이상 할 말 없음)(과거)

have는 '물건이 있다'라는 뜻으로 쓰기도 하지만 '이미 한 일, 경험이 있다'는 의미로도 쓰입니다.

I have <u>money</u>. _나 '돈' 있어.

I have <u>met him</u>. _나 '그 남자 만난 일' 있어.

그 일과 연결되어 지금 특별히 하고 싶은 말이 있을 때만 현재완료로 말합니다. 그래서 뒤에 'So…'가 내포된 느낌이지요.

I have <u>met him</u>. So… _나 '그 남자 만난 일' 있어. 그래서, (너 나랑 얘기 좀 하자.)

I have <u>seen the movie</u>. So… _나 '그 영화 본 적' 있어. 그래서, (다른 영화 볼래)

I have <u>lived here for 10 years</u>. So… _나 '여기 10년간 살아온 일' 있어. 그래서, (이 동네 잘 알아.)

무조건 용법을 외우는 것이 아니라 함의를 알고 나면 독해도 말하는 것도 쉽습니다. 용법을 세밀하게 맞춰야 하는 전통 문법과 달리 머릿속 문법은 그 문장을 보며 충분히 연습만 해주면 말할 수 있습니다. 다른 예를 볼까요?

② some, any

전통 문법에서는 각 단어가 어떻게 쓰이는지만 설명합니다.

"some은 주로 긍정문, any는 주로 부정문과 의문문에 쓰인다."

한국인이 성공하는 영어 스피킹은 따로 있다

원어민들은 머릿속에서 이렇게 생각합니다.

"확실히 있을 때는 some을, 있는지 없는지 불확실할 때 any를 쓴다."

그래서 any는 '혹시'와 어울립니다. 있는지 없는지 몰라서 물어보는 거죠.

Can I get <u>any</u> benefits? _제가 혹시 혜택을 받을 수 있나요? 없나요?

Do you have <u>any</u> kids? _혹시 자녀가 있으세요? 없으세요?

전통 문법 설명과 다르게 실제 스피킹에서는 some이 의문문에 자주 쓰입니다. 있다고 확신을 가지고 말하죠. 특히 눈앞에 확실히 존재하는 음식을 먹으라고 권유할 때는 반드시 some을 쓰죠.

Can I have <u>some</u> water? _여기 물 있죠? 물 좀 주시겠어요?

Do you have <u>something</u> to say? _너 뭐 할 말 있지? 나 다 알아. 어서 말해.

Would you like <u>some</u> coffee? _여기 있는 커피 좀 드시겠어요?

할 말이 있다고 확신하는 some과 있는지 없는지 모르는 any의 뉘앙스 한번 더 느껴보세요.

Do you have <u>something</u> to say? _너 뭐 할 말 있지? (빨리 말해.)

Do you have <u>anything</u> to say? _너 혹시 뭐 할 말 있니? (없나?)

③ 분사구문

전통 문법의 분사구문 설명은 아래와 같이 상당히 어렵습니다. 그러니 이걸 말로 하려면 얼마나 어렵겠어요.

> "부사절의 주어가 주절의 주어와 같을 때, 부사절의 접속사와 주어를 없애고 동사를 -ing(현재분사)로 바꾸어 부사구로 줄여 쓸 수 있다. 이것을 분사구문이라고 한다."

머릿속 문법은 단순합니다. 동시에 일어나는 일을 주어를 또 말하지 않고 간단하게 말하고 싶을 때 씁니다. 한국어로는 '~하면서' '~해서'에 해당돼요.

I walked around the town <u>taking photos</u>. _동네를 걸었다 '사진을 찍으면서'.

I went to bed early <u>feeling tired</u>. _일찍 자러 갔다 '피곤함을 느끼면서(=느껴서)'.

제가 학교 문법에서 항상 틀렸던 그 이름도 어려운 '양보(~일지라도) 분사구문' 등은 실제 스피킹에선 거의 쓰지 않습니다. 실제 원어민들이 스피킹에서 쓰는 머릿속 문법은 전통 문법에 비해 양도 적고 훨씬 간결하답니다.

.

난 왜 영어만 하면
머리가 새하얘질까?

《그래머 인 유즈(Grammar in Use)》를 공부하는 스터디는 많지만 실제로 한 권을 다 푼 사람은 없단 얘기를 듣고는 오기가 생겨 빈칸 하나 놓치지 않고 너덜거릴 때까지 공부하던 시기였습니다. 오랜만에 아는 동생을 만났는데 영어 공부를 열심히 하고 있다는 이야기를 했습니다. 새로운 문법에 대해 말하며 나는 거기에서 새로운 희망을 봤다는 둥, 책 한 권을 독파했다는 둥 무용담을 늘어놓았죠. 그런데 막상 동생이 던진 질문 하나가 저의 가열찬 노력에 찬물을 끼얹었습니다.

"아르바이트 하는 회사에서 전화를 받았는데 영어로 뭐라 하는 거야. 그래서 '전화 잘못 거셨습니다'라고 말하고 싶었는데 그냥 끊어버렸어. 언니 '전화 잘못 거셨습니다'가 영어로 뭐야?"

머리가 새하얘졌습니다. 딱히 고급 문장도 아니었고 어디선가 본 문장 같았지만 막상 그 말을 하려니 멍해지면서 뭐라 해야 할지 모르겠더라고요.

"You called… wrong… 이건가?"

자신 없이 기어들어가는 목소리로 말하며 괜히 영어 공부를 시작했다고 했나 싶었습니다. 왜 이렇게 쉬운 회화 하나 못하지 속상했습니다. 정답을 찾아본 순간 충격을 금치 못했어요. 이렇게 나와 있더라고요.

You have the wrong number.

'당신은 잘못된 번호를 가지고 있습니다'라고 말해야 했다면 문장을 만들었을 텐데 싶었죠. **학교 문법을 아무리 공부해도 여전히 말하기가 어려운 이유, 바로 한국식 사고와 영어식 사고의 차이입니다.** 영어식 사고로 이루어지는 머릿속 문법을 알아야 비로소 입이 트이는 문법 감각을 갖출 수 있습니다. 그 사고방식의 차이가 도대체 뭐냐고요? 인류학자들은 동양인과 서양인의 차이를 오랜 세월 연구해왔습니다.

"동양인은 동사로 말하고, 서양인은 명사로 말한다."

(EBS 동과 서 제작팀 · 김명진, 《EBS 다큐멘터리 동과 서》, p45)

우리는 '잘못 걸다'라는 동사가 먼저 떠오르고 영어로 뭐라고 할까 고민하지만 실제로 영어는 'you(당신)'이라는 대명사가 'the wrong number(잘못된 번호)'라는 명사를 가지고 있다는 식으로 말합니다.

한국어	전화 <u>잘못</u> 거셨습니다. 동사
영어	You have the wrong number. 명사　　　　　　명사 ('당신'이 '잘못된 번호'라는 명사를 가지고 있다.)

비슷한 일이 또 있었습니다. 이모가 아들을 출산했다고 연락이 와서 함께 있던 외국인 친구에게 말해주고 싶었습니다. 그런데 '출산하다'라는 동사가 생각이 안나 또 머리가 하얘졌습니다. 학교 다닐 때 외웠던 '낳다'라는 동사 'bear'이 떠오르기도 했습니다. 나중에 사전을 찾아보니 이번에도 답은 따로 있었습니다.

She had a baby.

한국인이 성공하는 영어 스피킹은 따로 있다

한국어	이모가 출산했어. 　　　동사
영어	She had a baby. ('이모'가 '아이'라는 명사가 생겼다.) 명사　명사

더 섬세하게 말하는 표현도 있습니다.

영어	She gave birth to a baby. 명사　명사　　　명사 ('그녀'가 '탄생'이라는 명사를 '아기'라는 명사에게 주었다.)

명사적인 사고를 모르면 이런 표현이 이상하고 잘 안 외워질 뿐더러 막상 같은 상황에선 또 말로 안 나옵니다. 하지만 **주어를 분명히 하고 명사 중심으로 움직이는 영어식 사고를 이해하고 나서부터는 왜 그렇게 말하는지 정확히 이해되니 잘 외워지기 시작했습니다.**

왜 이렇게 사고방식이 다를까요? 동양인은 개인보다 관계를 더 중요 시한다고 해요. 우리는 '사람'과 '밥'하면 자연스럽게 그 둘의 관계인 '먹다' '짓다' 같은 동사들이 떠오르는 반면, 서양인은 각각의 개체로 볼 뿐 이렇게 관계가 떠오르지 않는다는 것이죠. 괜히 동양인은 관계

와 정(情.) 서양인은 개인주의라고 하는 게 아니랍니다. (EBS 동과 서 제

작팀·김명진, 《EBS 다큐멘터리 동과 서》, p49)

그래서 앞서 배웠던 자기소개에서도 영어는 주어 I로 말하는 것을
좋아한다고 말씀드린 겁니다. 한국어 '제 취미는 드라마 보기입니
다'를 그대로 번역하면 동사 '~입니다'를 꼭 살리면서 'My hobby is
watching dramas.'라고 말하기 쉬워요. 이게 문법적으로 틀린 문장은
아니지만 영어식 사고에서는 명사의 최고봉인 나 'I'를 앞세워 말하
는 것을 좋아하죠. 'I like watching dramas.'처럼 말입니다.
**저는 영어 초보자들이 동사가 자꾸 떠오르는 현상을 '한국어 간섭 현
상'이라고 부르고 수업 시간에 이것을 없애는 연습부터 합니다.** 쉬운
단어도 안 나와서 걱정이라는 영어 말하기 초보자들이 입을 금방 틀
수 있는 강력한 방법이죠. **영어식 사고를 모르면 아무리 많은 문장을
외워도 한국어 간섭 현상 때문에 머리가 하얘져서 실전에서는 말이 잘
안 나올 수 있어요.**

'원어민은 쉬운 영어로 말한다'의 진실

●QR코드3 기본동사

여기까지 알게 된 저는 확신에 찼습니다. '내가 찾고 싶었던 문법 감각이 이런 거구나!' 영어식 사고방식으로 문장을 이해하고 머릿속에서 자꾸 영어를 중얼거렸습니다. 취업 준비를 막 시작하던 때라 '취직하다'가 영어로 뭔지 궁금했습니다. 그나마 가장 근접해 보이는 동사 enter로 enter a company라고 만들어도 봤지만 막상 찾아보니 더 쉽게 말하더군요.

한국어	그 남자애 취직했어. 동사
영어	He got a job. (그가 '직업'이라는 명사가 생기다.) 명사 　명사

원어민은 쉬운 영어로 말한다는 얘기 들어보셨을 거예요. 한국어에 비해 간단한 동사를 사용한다는 겁니다. 동사로 사고하는 한국인은 동사를 다양하고 풍부하게 말하지만, 원어민은 명사인 주어가 더 중요하고 동사는 그저 쉽게 말하고 넘어갑니다. **영어를 잘하려면 쉬운 동사를 활용하는 것이 중요합니다.** get도 대표적인 쉬운 동사 중 하나이고, '잘못 걸었다' '출산하다'를 말할 때 사용했던 have도 쉬운 동사입니다.

get을 영한사전에서 찾아보면 얻다, 받다, 연락이 닿다, 잡다, 잡아타다, 이해하다, 걸리다 등등 다양한 한국어 동사가 나옵니다. 다 외우려고 생각하면 어렵지만 역으로 수많은 한국어 동사를 모두 get으로 말할 수 있죠.

예시를 보면 이해가 더 쉬우실 겁니다. 에스텔 잉글리쉬 수업을 열었을 때 제일 문의가 많았던 것이 여행 영어였어요. 그래서 빠르게 입이 트일 수 있도록 여행에서 쓸 만한 표현을 모두 모아 쉬운 동사 get으로 정리했습니다.

주어 get + 명사		
티켓 예매하다	get + 명사: 티켓	get a ticket
할인받다	get + 명사: 할인	get a discount

한국인이 성공하는 영어 스피킹은 따로 있다

환불하다	get + 명사: 환불	get a refund
룸 업그레이드 하다	get + 명사: 룸업그레이드	get a room upgrade
세금 환급 받다	get + 명사: 세금환급	get a tax refund
와이파이 연결하다	get + 명사: 와이파이	get wifi
음식 주문하다	get + 명사: 음식이음	get an Americano
리필하다	get + 명사: 리필	get a refill

그밖에, 일상에서 쓰는 다양한 표현도 원어민들은 쉬운 동사로 말한
답니다.

포인트를 쌓다 = get points

스트레스를 많이 받다 = get a lot of stress

정보를 얻다 = get the information

장을 보다 = get groceries

쥐가 나다 = get cramps(경련)

체하다 = get indigestion(소화불량)

관사나 복수형은 일단 신경 쓰지 않고 말하는 게 좋습니다. 이런 세
부적인 것들은 저절로 잡혀갑니다.

요즘 get을 '겟하다'처럼 얻었다는 뜻의 외래어로 쓰기도 해서 너무 쉬운 단어가 아닌가 싶을 수도 있습니다. 조금 더 어려운 acquire(습득하다), obtain(입수하다), attain(획득하다) 같은 단어를 수능문제집에서 봤을지도 몰라요. 그런데 실제 스피킹에서는 이런 단어들을 자주 쓰지 않아요.

외국인 친구와 스카이프를 하기로 했는데 자꾸 에러가 나는 바람에 10분 늦게 채팅방에 들어가게 된 적이 있었습니다. '미안, 에러가 났었어'라는 말을 예전 같았으면 '에러가 나다'가 영어로 무엇인지 고민했겠지만 주어에 쉬운 동사, 에러라는 명사를 붙여서 바로 말했죠.

"Sorry, I got an error."

간단한 실전 스피킹의 문법을 여기서 다시 강조할게요.

주어(I) + **쉬운 동사**(got) + **명사**(error)

이 구조만 알고 있어도 입을 열기 훨씬 쉬워집니다.

스카이프 화면에서도 로그인 할 때 에러가 나면 "Why do I get an error? Click it! 왜 에러가 자꾸 나죠? 해결을 하려면 클릭하세요!"라는 문장이 뜹니다. 나옵니다. 영어식 사고를 배워야 원어민들이 쓰는 문장을 잘 이해할 수 있으며 나도 쉽게 말할 수 있다는 것을 잊지 마

한국인이 성공하는 영어 스피킹은 따로 있다

세요.

● 연습문제: 스피킹에서 쉬운 동사 활용하기

1. 다음 일곱 개의 구어체 문장을 영어로 말해보고 써보세요! 한국어는 동사가 정말 다양하지만 영어로 말할 때라면 원어민이 스피킹에서 가장 많이 쓰는 동사를 활용하면 됩니다. 정답은 뒤쪽에 나와 있습니다.

     1) 너 나한테 딱 걸렸어.   _____

     2) 너 나한테 완전 낚였네.   _____

     3) 너 나한테 완전 잡혔어.   _____

     4) 너 나한테 딱 들켰어.   _____

     5) 나 네가 한 말 이해했어.   _____

     6) 내가 너 부축하고 있어.(다친 친구에게)   _____

     7) 내가 너 안고 있어.(추위에 떠는 친구에게) _____

정답: 1~8번 모두 I got you.

'부축하다', '낚이다', '들켰어' 같은 말들이 영어로 뭘까 고민하느라 머리가 하얘질 수 있지만 모두 명사 I가 you를 얻었다는 느낌으로 쉬운 동사 get을 써서 말할 수 있습니다. 잡았다는 catch, 이해하다는 understand를 쓸 수 있을 것 같지만 실제 스피킹에서는 쉬운 동사로 말하는 것을 좋아해서 'I got you.'라고 훨씬 많이 말한답니다.

2. 아래 표현들도 영어로 해보세요.

    1) 닭살 돋는다.   _____

    2) 멍들었어.   _____

    3) 보험 가입했어.   _____

    4) 뽀루지가 두 개 났어.   _____

    5) 사마귀가 생겼어.   _____

    6) 독감 걸렸어.   _____

    7) 난 지성피부야.   _____

(참고 단어: 닭살 goose bumps / 멍 a bruise / 보험 insurance / 뽀루지 a pimple / 사마귀 a wart / 독감 the flu / 지성피부 oily skin)

한국어는 동사가 정말 다양해 우리가 닭살을 느낄 때는 '돋는다'라는 동사를 사용하고, 멍은 '들다'라고 말하죠. 하지만 영어에서는 닭살이든 멍이든 모두 주어가 갖는다고 표현합니다.

모두 **I have + 명사** 형태를 활용하면 됩니다.

정답:

1) 닭살 돋는다.   I have goose bumps.

2) 멍들었어.   I have a bruise.

3) 보험 가입했어.   I have insurance.

4) 뽀루지 두 개 났어.   I have two pimples.

5) 사마귀가 생겼어.   I have a wart.

6) 독감 걸렸어.   I have the flu.

7) 난 지성피부야.   I have oily skin.

04

번역기 로봇은
되기 싫다

주어와 쉬운 동사로 말하기에 익숙해져도 항상 이렇게만 말한다면 번역기 로봇 같겠죠.

"I get a refill."
"나는 리필 합니다."

사람은 감정을 담아서 말을 하게 되어 있습니다. 스피킹을 잘하기 위해서는 쉬운 동사를 내 감정에 맞게 바꿔가며 말하는 것이 필요해요. 이런 식으로 말이죠.

"저 리필 할게요."

　　　　　　　한국인이 성공하는 영어 스피킹은 따로 있다

"저 리필 하고 싶어요."

"여기 리필 할 수 있을까요?"

"혹시 리필 가능할까요?"

"지금 리필 해도 돼요?"

"지금 리필 좀 하려는데요."

이렇게 다양한 감정을 담아서 표현하는 것이 바로 조동사의 역할입니다. 전통 문법은 "조동사는 be동사나 일반동사 앞에 쓰여 그 동사에 특정한 의미를 보태주는 동사"라고 설명하지만 그 중요성을 이해하기에는 부족합니다. 왜 그 조동사를 붙여서 쓰는지 느낌을 이해해야 해요. 조동사로 강한 감정에서 약한 감정까지 모든 느낌을 말할 수 있습니다.

미래에 내 집 마련을 꿈꾸는 사람들이 많으니 "내 집 마련하다."를 내 감정에 맞게 다양하게 바꿔가며 말해볼게요. "내 집 마련 무조건 할 거야!"라고 강한 감정의 어조로 말하는 사람도 있을 거고 "내 집 마련해도 되지만 뭐 안 해도 되고(요즘은 집을 안사는 추세라)."처럼 약한 어조로 말하는 사람도 있죠. "내 집 마련하다."에서 한국어 동사인 "마련하다."에 속지 마시고 쉬운 동사로 생각하세요. get(=buy) a house 라고 말하면 된답니다.

강한 어조	나 무조건 집 사야만 해!	I must get a house.
	나 집 살 거야.	I will get a house.
	나 집 사고 싶어.	I would get a house.
중간 어조	나 집 살 수 있어.	I can get a house.
	나 집 살 수 있을 것도 같아.	I could get a house.
	나 아마 집 살듯해.	I may get a house.
약한 어조	집 사도 되고 안 사도 되고···	I might get a house.

어느 모임에서 제가 영어 강사라고 하자 이런 질문이 들어왔습니다.

"여행 영어 책 보면 어떨 때는 Can I 어떨 때는 Could you라
고 하던데 could가 can보다 더 공손하다고 하더라고요. 그런
데 왜 더 공손한 거죠? 그냥 과거형 아니에요?"

과거형 조동사를 현재 문장에 쓰면 약한 어조를 표현하기 때문에 더
부드럽고 공손한 느낌을 줄 수 있습니다. 다음 한국어 문장을 한번
보실까요?

한국인이 성공하는 영어 스피킹은 따로 있다

내가 이번 주에 할 수 있어!

내가 이번 주에 할 수 있었는데…

내가 올해 그 집 살 수 있어!

내가 올해 그 집을 살 수 있었다면…

한국어와 영어 시제가 정확히 대응되지는 않지만 일단 뉘앙스를 알려드리려고 예문을 적어봤습니다. 과거형인 '-었-'을 붙이니 어조가 약해지고 부드러워지는 느낌이 들죠?

'시제'라는 문법 용어는 사전에서 찾으면 'tense'라고 나와 있는데 이 말은 '긴장감, 강도'를 뜻하기도 합니다. **영어는 감정의 강도를 말하고 싶을 때 시제, 즉 tense를 이용해 말합니다.** 현재형은 강한 감정을 표현할 수 있습니다. 지금 당장 내 눈앞에 생생히 펼쳐진다면 아무래도 더 강렬한 느낌을 주겠지요. 과거형으로 약한 감정을 표현할 수 있습니다. 지나간 일은 좀 더 희미해지게 마련이니까요. 그래서 과거형 조동사를 이용해 약한 감정과 어조를 표현할 수 있답니다.

I can do it now. _지금 할 수 있어요!

I could do it now. _지금 할 수 있을 것도 같네요.

굳이 한국어로 적어보자면 위와 같은 느낌입니다. can보다 과거형인 could가 더 완곡하고 덜 직접적인 뉘앙스를 담고 있습니다.

Can I do it now? _제가 지금 할 수 있죠?

Could you do it now? _저기 혹시 당신이 지금 해줄 수 있을까요?

그래서 영어에서는 can과 I, could와 you를 함께 말하는 것을 좋아합니다. 내가 할 수 있는지 묻는 "Can I?"보다 "Could you?"에서처럼 상대의 의중을 물어볼 때 아무래도 나를 낮춰서 약한 어조로 말하는 게 사람의 마음이기 때문이죠.

시도 때도 없이
영어로 말 걸고 빠지기

머릿속 문법과 영어식 사고를 이해하고 나자 영어가 훨씬 재밌어졌습니다. 당시 제 첫 번째 목표는 학교에서 만나는 외국인 친구에게 원하는 대로 문장을 만들어 질문을 하는 것이었어요. 그래서 의문문을 자유자재로 말하는 것이 중요했습니다. 원어민 머릿속에서 의문문이 어떻게 만들어지는지를 알아야 했어요.

이번에는 76쪽에서 배웠던 여행 영어 표현들을 의문문으로 바꿔가며 말해보겠습니다. 그리고 84쪽에서 배웠던 조동사 'Can I'로 말해볼게요. 여행에서는 must같이 너무 강하거나 might같이 약한 어조보다는 중간인 can을 많이 씁니다.

티켓 예매할 수 있을까요?	Can I get a ticket?
할인받고 싶어요.	Can I get a discount?
환불받을 수 있을까요?	Can I get a refund?
룸업그레이드 할 수 있을까요?	Can I get a room upgrade?
세금 환급받을 수 있나요?	Can I get a tax refund?
와이파이 연결 가능한가요?	Can I get wifi?
아메리카노 주문할게요.	Can I get an Americano?
리필 좀 받을 수 있을까요?	Can I get a refill?

여기에 앞서 말씀드린 머릿속 문법 의문문 만들기까지 동원하면 훨씬 더 다양하게 말할 수 있습니다. 먼저 그 간단한 문법구조를 알아봅시다. 원어민의 머릿속에 있는 기본적 문법구조는 우리가 잘 알고 있는 '주어+서술+(동사)+서술어 뒷자리' 정도입니다. 예를 들면 이렇죠.

I get a tax refund.

① 원어민 머릿속 의문문의 문법구조

그런데 의문문을 만들 때는 주어, 여기서는 I 앞에 보이지 않는, 두 개의 자리가 있다고 상상해보세요. 맨 앞에는 의문사가 그 다음은 조

한국인이 성공하는 영어 스피킹은 따로 있다

동사를 넣는 자리랍니다.

| 의문사 넣는 자리 | 조동사 보내는 자리 | 주어 | 서술어(동사) | 서술어 뒷자리 | ? |

② 조동사를 넣어 의문문 만들기

먼저 조동사를 넣어 의문문을 만들어볼게요.

세금 환급받을 수 있나요?

Can   I   get   a tax refund?

③ 의문사와 조동사를 넣어 의문문 만들기

이제 의문사도 넣어봅시다.

어디서 세금 환급받을 수 있어요?

Where   can   I   get   a tax refund?

어떻게 세금 환급받을 수 있어요?

How   can   I   get   a tax refund?

언제 세금 환급받을 수 있어요?

When	can	I		get	a tax refund?

누가 세금 환급받을 수 있어요?

Who	can	(I 생략)	get	a tax refund?

다른 문장도 만들어볼까요?

여기서 다시 한번 짚고 넘어가죠. 공식은 간단합니다.

의문사 Can I get + 명사

그 배 티켓 예매 어디에서 해요?

Where can I get a ticket for the ferry?

제 수화물 어디서 찾을 수 있죠?

Where can I get my baggage?

카트를 어떻게 찾죠?

How can I get a cart?

어떻게 연락해야 하죠?

How can I get in touch with you?

그 후 조동사뿐만 아니라 일반동사, be동사 등 모든 동사의 의문문 어순을 정리해 연습을 했습니다. 회화 책의 문장을 외워 말하는 게 아니라 내가 원하는 대로 자유롭게 만들어 말할 수 있다는 것이 너무나 기뻤습니다.

Hey, when can I get the research? _언제 그 조별 과제 자료 줄 거야?

그런데 문제는 또 나타났습니다. 머릿속 문법답게 머릿속에서는 만들어졌는데 막상 외국인 친구 앞에 서니 유창하게 나오질 않았습니다. 렉이 걸린 것처럼 문장이 뚝뚝 끊겼죠. 그래서 친구 앞에서 바로 만들지는 못하고 미리 만들어놓은 문장을 말하곤 했습니다. 한편으로는 자괴감이 들었지만 미리 생각한 문장은 자연스럽게 말했기 때문에 외국인 친구도 바로 알아듣고 저도 그 순간만큼은 영어를 잘하는 사람이 된 것 같았죠. 몇 번을 주고받고 나면 머리가 멍해지면서 그다음 문장을 만들기가 힘들었습니다. 영어로 말 걸고 빠지기를 반복했죠. 바닥이 드러난다 싶으면 손목시계를 보며 "이제 나 가야겠다. I have to go!"를 외치곤 했습니다. 아직 의문문을 연습한 지 2주밖에 안 되었으니 이 정도라도 만족해야 하나 싶었죠. **그로부터 정확히 일주일 후 갑자기 제가 미리 생각해두지 않았던 의문문이 유창하게 입 밖으로 휘리릭 흘러나왔습니다.** 제가 말해놓고도 깜짝 놀랐습니다. 입이 트인다는 게 이런 건가 싶었습니다.

06

나도 한번
길게 말해보고 싶다

입이 트이고 나니 깊이 있는 대화는 아니더라도 의사소통을 위한 묻고 답하기 회화는 가능하겠다 싶었습니다. 머리가 하얘지거나 뚝뚝 끊기는 현상이 점점 줄어들고 자신감이 붙었습니다.

그런데 어느 순간 제가 너무 쉽고 짧은 문장만 말한다는 생각이 들었습니다. 예전에 개그맨과 영어 강사 분이 함께 진행하던 영어 관련 라디오 프로를 들은 적이 있는데 개그맨 분께서 이렇게 말했던 기억이 납니다.

"저도 한 번 길게 말해보고 싶어요. 말은 어떻게든 하는데 길게 말하는 게 어려워요."

한국인이 성공하는 영어 스피킹은 따로 있다

당시 제가 딱 그랬습니다. 말을 하긴 하는데 어린아이 같은 단답형 문장이었어요. 나중에야 의식하게 된 것이지만 그 당시 제가 말하던 문장은 모두 '단문'이었습니다. 주어 하나, 동사 하나가 들어간 '단순한 문장'이죠. 좀 더 길게 말하려면 '복문', 즉 두 개 이상의 절이 엮인 복잡한 문장을 쓸 줄 알아야 했습니다. 전통 문법으로 치면 명사절, 관계사, 접속사를 사용한 문장들입니다. 저는 원어민들이 머릿속에서 어떻게 쉽게 말하는지를 찾아 다시 한번 전통 문법을 파고들었습니다.

이 두 문장 정도는 자신 있게 말할 수 있었습니다.

Could you tell me? _말해주실 수 있으세요?

Where can I get the information? _그 정보는 어디에서 얻을 수 있나요?

그런데 둘을 붙여 길게 말하는 건 쉽지 않았습니다. 한국어에서라면 아래처럼 표현하면 되지만 막상 영어로는 잘 나오지 않더군요.

"그 정보 어디에서 얻을 수 있는지 말해주실 수 있으세요?"

몇 주간 공부 끝에 길게 말하는 규칙을 찾을 수가 있었습니다. 앞에 배웠던 단문을 말한 후 다리를 놓고 주어부터 또 붙여주면 되거든요.

의문사 조동사 주어 서술어 서술어 뒷자리	다리	주어 + 서술어	?

그래서 위의 두 문장은 이렇게 말할 수 있어요.

Could you tell me	where	I can get the information?
앞에서 배웠던 의문문	다리	주어 + 서술어

만약 맨 앞에 의문사까지 넣고 싶으면 이렇게 말하면 돼요.

"언제 말해주실 거예요 그 정보 어디서 얻을 수 있는지?"

When could you tell me	where	I can get the information?
앞에서 배웠던 의문문	다리	주어 + 서술어

한국인이 성공하는 영어 스피킹은 따로 있다

그렇다면 아래 문장은 어떻게 말할까요?

말해주실 수 있으세요 화장실 어디있는지?

Could you tell me where the restroom is?

이렇게도 말해볼까요?

당신 아세요 어디에서 세금 환급받을 수 있는지?

Do you know where I can get a tax refund?

긴 문장 만들기도 무의식 중에 말할 수 있도록 계속 연습했습니다. 영어를 잘하는 친구들이 보기엔 너무나 미미한 실력이었지만 이렇게 작은 한 단계마다 큰 재미를 느낄 수 있었기 때문에 쉬지 않고 영어를 계속 공부할 수 있었다고 생각해요. 제가 이 한 권의 책으로 모든 문법 감각을 전부 강의하고 당장 키워드릴 수는 없습니다. 다만 **자신 있게 말씀드릴 수 있는 것은 '가능성'입니다. 비슷한 상황을 겪은 사람이 있다는 것, 이렇게 해결할 수 있다는 것. 이를 아는 것만으로도 반은 해결된 것입니다.**

저는 가정법을 백날 공부해도 가정법으로 말하는 것은 상상도 못했습니다. 하지만 다섯 살짜리 미국 아이도 머릿속 문법으로 가정법을 자유롭게 말합니다. 저는 **학교 문법의 모든 파트를 스피킹용 머릿속 문법으로 바꿔가며 공부했습니다. 깨닫기까지는 뼈를 깎는 노력이 필요했지만 일단 왜 그런지 알고 나면 쉽게 말할 수 있었죠.** 깨닫는 과정이 힘들었기에 수강생 분들은 시행착오 없이 바로 말할 수 있도록 다 알려주고 싶어서 혼신의 힘을 다해 강의를 합니다. 내가 한 고생을 내 아이는 겪지 않게 해주고 싶다는 부모의 마음이 이런 걸지도 모르겠네요.

갑자기 영어가
잘 외워진다

머릿속 문법을 개척하고 나자 영어 문장들이 새삼 다르게 느껴졌습니다. 그전까지 영어는 과학 시간 황소개구리처럼 분석하고 해부해야 하는 공부거리였습니다. 개구리는 사진으로 봐서 익숙한 동물이지만 실제로는 만지기 싫고 피하고 싶은 것처럼 영어도 실전에서는 마주치기조차 싫은 존재였어요. 그런데 이젠 제가 영어를 쫓아다니고 있었습니다. 안내문에 있는 영어도 반가웠고 사용설명서의 영어도 읽고 싶었죠. 사놓고 펼친 적도 없던 책장 속 영어 원서들도 들춰보기 시작했습니다. 남들은 그냥 지나칠 수 있는 영어 문장인데 왜이 문장에 get이 쓰였는지 뉘앙스가 느껴지고 왜 How can I 라고 시작을 하는지 구조도 보이니 재미있었습니다. 아는 단어로만 구성되어 있어도 뭔 말인지 모르던 시절이 있었는데, 이젠 생소한 단어 뜻만 찾으면 해석이 안 될 문장이 없었습니다. '영어 문장아, 다 덤벼라' 하는 느낌이었죠.

예전부터 영어를 잘하려면 무조건 교과서를 달달 외우라는 말이 있었습니다. 드라마 《응답하라 1988》에서도 서울대생 언니가 동생들에게 이렇게 말했죠.

"야, 영어는 무조건 외워, 문장을 외우란 말이야."

교과서든 회화 책이든 영화든 외우면 영어가 잘 된다는 것은 상식처럼 알려져 있지만 **그 외운다는 기준이 명확하지 않기 때문에 성공하는 사람은 드뭅니다.** 영어 교과서를 처음부터 끝까지 '다' 외워서 낭송하면 몇 시간이 걸릴 것입니다. 영화 한 편은 2시간이 넘을 텐데 대본을 처음부터 끝까지 다 읊을 수 있도록 외운다는 건 일반적으로 불가능하죠. 제가 느낀 문장을 외운다는 기준은 다음과 같습니다.

'한 번 읽거나 듣고서, 그 문장을 보지 않고도 똑같이 말할 수 있는 것. 단순 복창이 아니라 어순, 뉘앙스, 영어식 사고대로 나도 감정을 담아 말하는 것.'

한국인이 성공하는 영어 스피킹은 따로 있다

아래 한국어를 한번 읽어보고 그다음은 손으로 가리고 말해보세요. 한국어는 모국어니 바로 말할 수 있죠. 여행 숙소에서 리모콘을 아무리 눌러도 티비가 작동하지 않을 때, 직원에게 물어보며 하는 말입니다.

"이 티비 작동하는 법 좀 알려주시겠어요?"

이번에는 영어 문장을 봅시다. 다음 문장을 한 번 읽어보고 손으로 가린 후 똑같이 말해보세요.

"Could you tell me how the TV works?"

그냥 암기한 것을 기계적으로 읊조리기만 한다면, 그 문장은 완전히 내 것이 된 게 아닙니다. 정말 상대에게 궁금해서 묻는 것처럼 감정을 담아서 말할 수 있어야 합니다. 실전에서 내가 그 감정이 생기면 그대로 튀어나와야 하기 때문이죠.
Can you가 아니라 Could you로 좀 더 부드러운 어조로 말하는 느낌도 느끼고 how(어떻게)라는 다리를 놓은 뒤 뒤에 주어, 서술어 순서대로 오는 구조도 쉽게 보여야겠죠.

Could you tell me	how	the TV works?
앞에서 배웠던 의문문	다리	주어 + 서술어

이 문장에서 앞서 말한 영어의 재미있는 특성도 발견할 수 있습니다. 영어는 명사로 사고하다 보니 사람이든 사물이든 모든 명사를 똑같이 생각합니다. 그래서 영어에서는 사물이 작동하지 않을 때 마치 사람처럼 '일을 하지 않는다'라고 말합니다.

> The TV doesn't work. _티비가 일하지 않습니다. = 작동하지 않습니다.
> The TV is not working. _티비가 일하지 않는 중입니다. = 작동하지 않는 중입니다.

언어 감각을 발달시켜 이런 특성들을 읽을 수 있게 되면 영어 문장을 봤을 때 쉽게 이해되고 또 잘 외워집니다. 자연히 **영화나 책에서 우연히 본 문장, 외국인 친구가 방금 한 말도 그대로 말할 수 있으니 훨씬 효율적으로 습득할 수 있습니다.** 아이가 엄마 아빠 말을 있는 그대로 듣고 따라 하면서 모국어를 점점 습득하는 것처럼 말이죠. 어릴 때는 새로운 것을 그대로 받아들이면서 습득하는 능력이 크지만 어른이 될수록 점점 줄어드니 먼저 그 감각을 키우는 게 필요합니다.

한국인이 성공하는 영어 스피킹은 따로 있다

물론 귀로 들은 문장을 익히려면 문법 감각 외에 소리 감각도 필요한데, 그 내용은 다음 장에서 다룹니다.

세계적인 베스트셀러 《부의 추월차선》이란 책에 이런 우화가 나옵니다. 이집트 파라오가 두 명의 조카에게 각각 피라미드를 세우라고 명령했습니다. 한 명은 낑낑대며 1층부터 돌을 하나씩 쌓아올립니다. 그런데 다른 한 명은 몇 개월간 돌멩이 하나 올리지 않고 헛간에서 무언가 열심히 만듭니다. 힘이 부친 첫째 조카의 작업이 지체되는 동안 둘째 조카는 돌을 쌓을 수 있는 기계를 완성합니다. 피라미드 기초 대형을 만드는 데 돌을 직접 날라서는 1년이 걸렸는데 기계는 일주일밖에 걸리지 않았습니다. 둘째 조카는 운반 기계를 이용해서 몇 년만에 피라미드를 완성했지만 돌을 직접 나르던 첫째 조카는 결국 완성하지 못하고 나이 들어 죽었다고 합니다.

영어로 치자면 '돌'이 단어 혹은 문장이고 '돌을 한 개씩 쌓아 올리는 것'이 한 문장씩 외워나가는 것이라고 비유할 수 있습니다. 물론 타고난 체력이나 인내심이 있는 사람은 그런 방법으로도 피라미드를 죽기 전까지 완성할 수 있을지 모르겠습니다. 그런데 여기서 **원어민의 머릿속 문법을 아는 것은 바로 돌을 쉽게 쌓을 수 있는 기계와 시스템을 갖추는 것입니다.** 시스템이 생기면 영어 문장들이 훨씬 더 쉽게 이해되고 잘 외워져서 더 빨리 피라미드를 완성할 수 있죠.

08

20분 이상 대화한
감격의 순간

문장을 습득하는 것도 말하는 것도 빨라진 저는 일단 어떻게든 영어를 내지르고 보는 습관이 생겼습니다. 물론 당시에는 틀린 표현도 많았을 겁니다. 하지만 개의치 않고 일단 머릿속 문법에 따라 잘 외워졌던 문장들을 생각나는 대로 내뱉었습니다. **문법이 학교 시험 문법처럼 맞고 틀리고가 아니라 내 감정과 뉘앙스를 전달하는 수단일 뿐이라고 생각하니 자꾸 말이 하고 싶어졌습니다.**

학교에서 외국인 친구들에게 말 걸고 빠지던 것을 넘어서서 한 문장이 두세 문장으로, 두세 문장이 너댓 문장으로 늘어났습니다. 학교에는 영어를 잘하는 해외파 친구들이 많았기 때문에 스트레스도 심했지만 예전 회화 시간의 굴욕을 또다시 맛보면 안 되겠다는 생각에 미래의 저를 생각하면서 계속 도전했죠. 실은 문장을 만드는 게 너무

　　　　　　　　한국인이 성공하는 영어 스피킹은 따로 있다

나 재밌어진 나머지 이런저런 다른 생각들은 떠오르지도 않았습니다. 그러던 어느 날 외국인 친구와 20분 넘게 대화하는 일이 일어났습니다. 항상 한두 문장 묻고 답하는 정도로만 머물렀는데 계속 영어로 떠들 수 있는 순간이 온 거죠.

동네 버스정류장에서 기다리는데 마른 백인 여자가 옆에 앉았습니다. 살짝 떨렸습니다. 말을 걸어보고 싶었지만 학교 밖 외국인이라 내가 영어로 말하는 것을 받아줄까, 혹시 영어 못한다고 무시하지는 않을까 불안했어요. 모르는 한국인과 대화를 나누는 것도 편안하지 않을 때가 있는데 하물며 전혀 모르는 파란 눈의 외국인과 대화를 나눈다는 게 쉬운 일은 아니었습니다.

"Hey, how long have you been here in Korea?"
_안녕? 한국에 온 지 얼마나 되었어?

걱정이 무색하게, 환하고 순수한 미소를 지으며 대답하던 그 친구의 모습이 아직도 눈에 선합니다. 그 뒤로 무슨 문장을 말했는지도 기억이 안 날 정도로 신나게 대화를 이어갔습니다. 미국에서 한국에 온지 일주일도 안 되었고 맞은편 영어 학원에서 일하기 시작했다고 했습니다. 선한 인상과 낯을 가리지 않는 명랑한 말투가 동질감을 느끼기에 충분했고 인간 대 인간으로 만난 느낌이었습니다. 그런 마음을 전달하는 도구가 영어였을 뿐 아마 한국어로 대화를 했더라도 똑같이 즐거운 시간이지 않았을까 싶어요.

"I'm so excited to be here in Korea and I had so much fun in my first class as one of my students kissed my hand. They are so sweet when they call me 'Kelly teacher'! I've never been called by that name."

_한국 와서 진짜 너무 신나. 첫 시간이 정말 재밌었는데 유치원 학생 한 명이 내 손등에 **뽀뽀**를 해주는 거야. 얘네들이 나 보고 선생님이라고 부를 때 귀여워 죽겠어. 난 선생님이란 말을 처음 들어보거든.

영어로 계속 주고받는데 시간이 정말 길게 느껴졌어요. 그 친구가 먼저 버스를 타고 떠난 후 시계를 보자 20분 정도가 흘렀을 뿐이었지만, 막판에 가서는 뇌가 지친 느낌이었습니다. 그래서 마지막 몇 분 동안은 'Good for you!'(잘됐네!)라고 대꾸만 했죠. 가끔 잘 안 들리는 것도 있었지만 리스닝은 문제가 아니었습니다. 그 친구는 아직 한국에 자기 얘기를 들어주는 사람이 없었던 거죠. 외부에서 만난 누군가에게 자기가 어떤 신나는 일을 시작하게 되었는지 소소한 얘기를 하고 싶었나 봐요. 날 무시하지 않을까 걱정했던 것이 민망할 정도로 짧지만 소중한 시간을 보냈습니다.

친구가 가고 나서 제 버스를 기다리며 정류장에 남아 있는데 얼굴이 여전히 상기되어 심장이 두근거렸습니다. 다른 언어로 말한다는 게 이런 거구나, 영어를 통해 나오는 완전 다른 세계의 사람과도 얘기를 나눌 수 있구나, 내가 접할 수 있는 세계가 이렇게 크구나, 그리고 정말 영어는 단지 수단일 뿐이구나. 흥분과 깨달음이 교차했습니다.

그때부터 학교의 외국인 친구들과 더 친하게 지내기 시작했습니다. 조별 과제가 있는 강의를 선택했는데 외국인 학생이 두 사람 있었어요. 예전 같으면 피했겠지만 수업이 끝나고 바로 그 친구들에게 말을 걸었습니다.

"Could we do the team project together?"

_조별 발표 같이 하지 않을래?

그 친구들은 프랑스에서 온 교환학생이었습니다. 한 친구는 아이돌 2PM을 좋아한다면서 콘서트를 갈 거라는데 영락없는 귀여운 대학생이었죠. 조별 모임을 하다가 두 친구가 싸워서 가운데서 난처한 적도 있었습니다. 한국까지 와서 친구와 싸워 속상하다며 화를 내는데 외국인들도 그냥 나랑 똑같은 사람이구나 싶었어요. 좋아하는 연예

인도 있고 학점 때문에 고민하고 친구와 싸워서 속상해하는 평범한 또래로 느껴졌습니다. 그러자 아직 어설픈 영어였지만 말하는 것이 점점 편해졌습니다. 조별 발표를 영어로 했는데 술술 잘할 때도 있었지만 더듬거릴 때도 있었지요. 그 시절에는 영어가 잘 나오는 날과 못 나오는 날의 편차가 무척 심했습니다.

발리 클럽메드에 여행갔을 때 한 인도네시아 친구가 이 리조트에 입사하기 위해 한국어를 열심히 공부했고 한국인들과 말하는 게 영광이라며, 우리와 식사할 때 옆에 꼭 붙어 있던 적이 있었습니다. 계속 본인의 한국어가 틀릴까 봐 걱정이라고 해서 기분이 이상했죠. 그때 제가 가졌던 영어에 대한 잘못된 사고를 영어를 쓰는 외국인에게 말했다면, 그 친구들도 그런 기분이었을까요? 외국인도 우리와 같은 사람이랍니다. 그것만 기억한다면 영어울렁증이 한결 나아질 거예요.

운명적인
영어 강사 대타 자리

영어 문장이 잘 외워져서 이정도면 문법 감각이 생긴 게 아닐까 싶어 영화 외우기에 다시 도전했습니다. 실은 영화가 중요한 게 아닙니다. 영화 한 편 정도면 상당히 많은 양의 인풋을 쌓을 수 있다는 장점이 있는 것이지 내가 잘 이해되고 외워지는 상태라면 그것이 영화든, 유튜브든, 지나가다 본 영어 글귀든 상관없는 것이죠.

아직 소리에 대한 공부가 전혀 안된 상황이라 좀 더 느린 속도로 공부하고 싶었습니다. 영화는 원어민 성인이 서로 수다 떠는 속도라 외국인인 우리가 처음부터 하기가 쉽지 않죠. 어린이를 대상으로 하는 애니메이션이 어느 정도 속도나 사용되는 어휘가 제한되어 나은 편입니다. 물론 원어민 어린이들이 하는 영어를 생각해보면 애니메이션이라고 아주 쉽지는 않지만요.

당시 정말 좋아하던 애니메이션 《슈렉》으로 공부를 시작했습니다. 듣는 것보다 읽는 게 훨씬 더 재밌고 쉬웠기 때문에 스크립트를 구해서 첫 장면부터 공부를 시작했습니다. 슈렉 친구 동키가 말이 너무 빨라서 거의 못 알아듣기는 했지만, 그래도 스크립트를 분석하는 게 정말 재밌었습니다. 10분 정도의 인트로는 속도가 느립니다. 이 인트로를 다 습득했을 때 우연히 영어 강사를 시작하게 되었어요. 어떻게 공부해야 할지 몰라 방황만 하며 세 달, 스피킹 문법 공부를 시작하고 3주 만에 입이 트이기 시작하자 놀라 스피킹 문법 공부에 몰두한 지 네 달, 《슈렉》 스크립트로 공부를 시작한 지 또 한 달. 그렇게 여덟 달간의 분투가 지난 시점에 영어 강사 제안이 들어온 것이었습니다.

원래 해외파 친구가 맡았던 자리였지만 사정상 일주일 만에 그만두게 되어 대타를 구하던 참이었습니다. 제안을 받은 저는 1초의 망설임도 없이 하겠다고 했습니다. 영어에 푹 빠져 있었기 때문에 내가 관련 일까지 할 수 있다니 너무나 신났고 오히려 스스로 부족하다는 것을 잘 알고 있었기 때문에 이것저것 따지지 않고 무엇이든 열심히 할 준비가 되어 있었죠.

학원은 영어와 수학을 가르치는 작은 보습학원이었습니다. 처음 갔을 때 수학 선생님이던 원장님께서 하셨던 말이 생각납니다.

"선생님 전 영어에 대해서는 전혀 모릅니다. 우리 아이들, 사랑으로 가르쳐주십시오."

'업무에 차질 없게'가 아닌 '사랑으로 가르쳐달라'라는 말이 참 인상 깊었습니다. 당시의 저는 아이들도 좋아했지만 무엇보다 의욕이 넘쳐 흘렀습니다. 새롭게 찾아낸 최근 몇 개월간의 진짜 영어 공부로 열정에 불타올랐던 제가 알게 된 영어 공부 방식을 아이들에게 반드시 알려주겠다는 마음뿐이었어요.

원장님은 "요즘 초등학생들은 이걸 공부합니다."라며 낡은 《성문 기초영문법》책을 꺼냈습니다. 요즘 아무리 원어민이 가르치는 곳이 많아졌다 해도 비싼 메이저 영어 학원과 작은 동네 보습 학원은 하늘과 땅 차이더라고요. 저는 전통 문법을 가르치고 싶지 않아 원장님께 부탁을 드렸습니다.

"교실에 빔 프로젝터와 스크린을 설치해주세요. 아이들과 애니메이션으로 재밌게 공부하고 싶습니다."

작은 교실에 스크린이 설치되었습니다. 저는 《슈렉》을 활용해 가르치기 시작했습니다. 스크립트를 일일이 타이핑해서 교재로 만들고는 제가 이해한 뉘앙스대로 아이들에게 최대한 쉽게 설명해주려 애썼습니다.

엄격한 분위기에서 문법책으로 공부하던 아이들이 새로운 선생님과 재미있는 애니메이션으로 공부하게 되자 흥미를 느끼면서 강의 인기가 높아졌습니다. 아이들은 천사 선생님이 오셨다며 영화 보러 가자고 친구들을 하나둘씩 데려오기 시작했어요. 학부모님께도 제 교육 철학을 말씀드리면 굉장히 좋아하셨어요. 너는 슈렉, 너는 피오나 하면서 아이들과 역할극을 하기도 했습니다. 생전 영어로 말 한번 않던 아이가 자꾸 슈렉 대사를 중얼거리는 걸 보고 기뻐셨던 학부모님들은 길에서 저를 만나자 '선생님 감사합니다'라며 꾸벅 인사를 하시기도 했습니다. 아직 대학생이었던 저는 그런 감사 인사에 영광스러울 따름이었죠.

아이들을 가르치면서도 언어 감각에 관한 힌트를 얻을 수 있었습니다. 저보다 소리 감각이 좋은 아이들은 저도 따라 하지 못하는 발음을 한 번 듣고 똑같이 말하기도 했어요. 그런데 아이들 중에서도 소리 감각이 좋지 않은 친구들도 많았습니다. 문법 감각도 마찬가지였습니다. 문법 용어 없이도 이해하기 쉽게 문장구조를 설명해주었지만 문장을 더 쉽게 습득하는 친구들이 있는가 하면 어려워하는 친구들이 있었습니다. 그래서 내심 나중에 수업을 다시한다면 누구나 비슷한 능력을 가질 수 있도록 언어 감각을 먼저 키우는 방법을 계발해서 가르쳐야겠다 생각했죠.

아이들을 가르치며 마치 물을 만난 고기가 된 기분이었습니다. 제가

한국인이 성공하는 영어 스피킹은 따로 있다

발견한 것을 가르치는 일이 너무나 좋았고 더 좋은 것은 가르치면서 제 실력 또한 크게 향상되는 것이었습니다. 개학한 후로도 수업을 놓고 싶지 않아 대학 강의 시간표를 모두 오전으로 짜고 오후에는 학원으로 달려가 수업을 하는 생활을 몇 개월간 했습니다. 선생님을 좋아하는 아이들의 사랑도 듬뿍받고 학부모님들의 감사도 한몫해서 내가 다른 데 어디 가서 이렇게 큰 사랑을 받으며 일할 수 있을까 싶었습니다. 앞으로 평생 이 일을 하고 싶다는 결심까지 할 정도였지요. 그래서 저는 지금도 우연히 들어가게 된 대타 강사 자리가 운명이었다고 생각합니다. 그때부터 지금까지 10여 년간 오로지 영어 강사만 했으니까요. 그리고 아직도 이 일이 정말 좋습니다.

여러분은 어느 쪽에 속하세요?

1. 시험 영어도 만점이고 문법은 박사지만 말은 한 마디도 안 나와요.

2. 문법은 어느 정도 알고 있는데 항상 헷갈리고 말도 잘 안 나와요.

3. 학교 다닐 때 영어는 너무 어려워서 포기했고 문법도 전혀 몰라서 말이 전혀 안 나와요.

4. 문법 생각 안하고 어떻게든 말은 하는데 제가 하는 말이 맞는지는 별로 확신이 없어요.

네 가지 유형의 수강생을 모두 만나봤습니다. 학교 입시도 열심히 했고 토익도 만점 가까이 나오지만 외국인 앞에만 서면 입에서 한마디도 안 떨어진다는 1번 유형도 있었고, 영어에 아예 문외한은 아니고 이것저것 들은 것은 많은데 항상 체계가 없고 헷갈려 말은 잘하진 못한다는 2번 유형도 있었습니다. 학교 다닐 때는 영어가 너무 재미가 없어서 항상 시험도 찍었고 영포자에 가깝다는 고충의 3번 유형도 있었고, 말은 어떻게든 하는데 항상 어딘가 석연치 않고 한국식 문장을 그냥 번역하는 것 같거나 맨날 쓰는 쉬운 문장들만 반복한다는 4번 유형도 있었죠.

'구슬이 서말이어도 꿰어야 보배다.'라는 말은 영문법 공부에도 통합니다. 질보다는 양을 중시하며 계속 단어나 문장만 암기했다면 구슬만 모은 것입니다. 꿰맬 수 있는 목걸이 줄이 없다면 구슬이 다 도망가버린다는 게 문제입니다. 그래서 영화 외우기, 문장암기하기 식으로 구슬만 모았다면 꽤 많이 모은 것 같은데도 여전히 목걸이를 걸고 다닐 만큼 자신 있지 않을 수 있답니다. 그 목걸이 줄이 바로 머릿속 문법 체계라고 볼 수 있어요. 학교 문법은 적합하지 않은 동아줄인 셈이죠. 무겁고 두껍고 활용도가 떨어집니다. 목걸이를 만들 수 있는 반짝이고 심플한 체인이 필요합니다. **체인, 곧 영어식 사고와 어순 감각으로 무장한 머릿속 문법 감각이 생긴다면 구슬 즉, 표현을 하**

나씩 꿰어갈 수 있습니다. 구슬을 꿰어 목걸이로 만들었다는 것은 잘 습득되며 잘 잊어버리지 않게 된다는 거예요.

1번과 2번 유형이라면 먼저 지금까지 배운 학교 전통 문법을 머릿속 문법, 곧 스피킹을 위한 문법으로 전환해야 합니다. 밧줄을 버리고 체인을 만들어야 합니다. 그래도 배웠던 영어 지식이 어디 가지 않습니다. 밧줄을 만들어본 사람이 체인도 쉽게 만듭니다. 스피킹 잘 못한다고 위축될 필요도 없어요. 한국 환경에서는 스피킹을 공부할 기회가 많이 없다 보니 당연한 것입니다. 환경을 탓할 것도 아닙니다. 지금까지 잘 해왔고 지금까지 배운 것을 그저 스피킹 문법으로 전환한다고 생각하시면 돼요. 지금 본인의 상황에서 관점만 바꾼다면 엄청난 가능성이 생깁니다. 다만 이미 배운 습관과 지식이 스피킹 문법 습득에 방해가 되지 않도록 조심해야 합니다.

3번 유형은 영어 지식이 없더라도 영어 스피킹을 잘할 수 있다는 자신감을 가져야 합니다. 일단 쉬운 동사로 말한다면 어휘를 많이 몰라도 괜찮습니다. 시험을 위한 영어는 어쩔 수 없었지만 스피킹 영어를 공부할 때는 괜히 실용적이지도 예쁘지도 않은 두꺼운 밧줄을 부러워할 필요가 없습니다. 하지만 목걸이 체인을 만들기 위해 남들보다 더 노력해야 할거예요. 다행히 체인 만들기는 밧줄 만들기보다 훨씬 재미있고 빠릅니다. 그래서 **영포자 수강생분들이 스피킹 문법에 오히려 더 열광하는 경우가 많습니다.** 내가 못했던 게 아니고 학교문법이 너무 어려웠던 것을 깨닫게 된 거죠.

4번 유형은 주로 소리 영어나 발성 영어, 외우기 영어로 공부하면서 문법은 중요치 않다고 생각하고 공부했는데 체계가 없어서 길을 잃은 경우입니다. 물론 말할 때 전통 문법 지식은 전혀 중요치 않은 게 맞습니다. 하지만 원어민 머릿속에 있는 스피킹 문법 정도는 들어 있어야 대충 말한다는 느낌에서 벗어날 수가 있습니다. 구슬을 많이 보유하고 있으니 체인만 생기면 금방 완성할 수 있는 유형입니다. 체계가 생기고 나면 훨씬 더 빨리 늘 거예요.

한국의 상황에서는 네 가지 유형 모두 자연스러운 현상이라고 생각합니다. 다들 지금까지 나름 잘 해왔습니다. 나의 현 상황을 파악하고 조금만 방향을 틀어보면 의외로 금방 해결의 실마리가 보일 겁니다. 제가 이런 문제들을 조금씩 해결해왔던 것처럼 말이죠.

Chapter 3

이제 말은 하는데
내 발음을
못 알아듣네

세상에서 제일 듣기 싫은
외국인 친구의 "What?"

입도 뻥긋 못하던 상태에서 대화가 가능해진 후 그다음 학기부터는 학교에서 되도록 원어 강의를 듣고 외국인 친구들과 어울리려고 노력했습니다. 물론 아직은 표현을 충분히 쌓지 못해 말을 하다 보면 시도 때도 없이 막혔지만 웬만하면 쉬운 단어로라도 쉬지 않고 말하려고 했습니다. 이렇게만 공부하다 보면 영어 정복의 길에 들어설 줄 알았는데요, 또 다른 스트레스가 생겼습니다. 외국인 친구와 대화를 할 때 이 말을 너무 자주 듣는 겁니다.

"What?"_뭐라고?

"What did you say?"_방금 뭐라고 했어?

"Pardon?"_뭐라고요?

그전까지는 목표치가 낮다 보니 말만 걸 수 있어도 기분이 좋았었는데 슬슬 사태의 심각성을 느끼기 시작했습니다. 발음은 중요하지 않다는 얘기를 꽤 들었기 때문에 신경 쓰지 않으려 해도 자꾸 상대가 못 알아듣고 대화가 멈춰 스트레스가 상당했죠. 겨우 입을 텄는데 이러다가 다시 울렁증에 걸리는 게 아닐까 걱정되기도 했습니다. 이제는 외국인 친구를 피하고 싶은 게 아니라 친해진 외국인 친구가 언제 또 "What?"이라고 되물을까 봐 조마조마했습니다. 세상에서 제일 듣기 싫은 말이 'What'이 되어버렸으니까요.

한번은 외국인 친구, 영어 잘하는 선배와 영어로 얘기 나누다가 가야 할 시간이 됐습니다. 그래서 영화 스크립트나 회화 책에서 봤던 표현이 튀어나왔습니다.

"I gotta go."_나 가야 해.

● QR코드4 발음 I gotta go

문제는 그때부터였습니다. 저는 영화에서 들은 대로 "아이 가라고." 하고 혀를 굴려가며 유창하게 한다고 했는데 둘 다 또 제 발음을 못 알아들은 겁니다.

(동시에) "What?"

세상에서 제일 듣기 싫은 what을, 그것도 두 명이 동시에 외치니 짜증이 확 밀려왔습니다. 한 번 더 말했죠.

"I gorra go."

이번에도 영화에서 들은 대로 혀를 더 굴리면서 큰 소리로 말했습니다. 또 못 알아들은 듯한 두 사람의 정적. 선배는 포기한 표정으로 고개를 돌려 과제를 보기 시작했고, 너무나 착했던 제 외국인 친구는 눈을 맞추며 더욱 친절하게 물었습니다.

"Would you tell me what you said?"
_뭐라고 했는지 말해주지 않겠니?(너무나 친절한 표정)

그 친구가 너무나 착했다는 게 문제였습니다. 귀까지 가까이 대며 한 번 더 말해달라고 친절하게 요청했죠.

저는 같은 대답을 서너 번 더 반복했습니다. 이미 민망함에 제정신이 아니었죠. 빨리 자리를 뜨고 싶은 생각뿐이었고 동시에 허무함이 밀려왔습니다. **이렇게 내 발음을 계속 못 알아듣는다면 이게 진짜 영어일까 싶었던 것이죠.** 게다가 외국인마다 편차가 심했습니다. 한국에 오래 있어 제 발음에 익숙한 친구들은 좀 알아듣는 듯해도 이번

학기에 새로 온 친구들은 더욱 못 알아들었습니다. 그렇다고 제 발음을 잘 알아듣는 외국인들만 골라가며 사귈 수도 없는 노릇이었습니다. 정말 답답했던 것은 그 친구가 끝내 제 발음을 못 알아들었다는 겁니다. 저는 핸드폰 시계를 가리키며 "I have to go!"라고 외치고는 자리를 박차고 나와 버렸습니다. 어떻게 다섯 번을 넘게 말했는데 못 알아들을까 싶었죠. 그동안 올바른 방향으로 영어를 공부하고 있다고 자부했던 저의 모습이 허망해져 터덜터덜 집으로 돌아왔습니다.

나중에 발음 공부를 하고 나서야 왜 그 친구가 못 알아들었는지 정확히 알게 되었습니다. gotta의 T는 아무리 굴린다고 해도 R이 아닌 L과 비슷한 발음입니다. T와 L이 혀의 위치가 같거든요. 지금 둘 다 발음해보세요. 트(T)! 르(L)! 혀가 입천장에 붙는 위치가 비슷하죠? 그래서 미국식 발음을 하더라도 "I golla go."가 맞습니다. 그런데 전 혀를 굴린답시고 R이 들어 있지도 않은 단어에도 R과 같은 발음을 하는 경우가 많았습니다. 여러분도 두 개를 발음해보세요.

I gotta go.
I golla go.

T와 L은 입천장 쪽으로 비슷한 위치에 혀가 붙는데 T는 훨씬 바람

을 분출하는 발음이라서 좀 더 부드러운 L로 하는 것입니다. T와 L은 서로 연관이 있는 발음인거죠.

하지만 R은 다릅니다. L과 R이 둘 다 'ㄹ'과 비슷한 발음 같지만 R은 아예 다른 소리로 봐야 합니다. R은 한국어 발음으로 치면 입천장에 혀를 꾹 붙이는 '라'가 아니라 혀가 입천장에 거의 안 닿고 혀를 뒤쪽으로 당기면서 '롸'나 '뤄'라고 하는 것에 가깝습니다. lalla(랄라)라고 해보시고 rarra(뤌러)라고 해보세요. '랄라'라고 할 때는 혀가 입천장에 꾹꾹 누르며 발음하시고 '뤌러'라고 할 때는 혀를 웬만하면 입천장에 거의 닿지 않게 하면서 뒤로만 당겨주세요. 그때 저는 "I gorra go.(아이 가롸고)"하고 있지도 않은 R발음을 넣어 엉뚱하게 말해버렸고 상대가 전혀 알아듣지 못했던 것이죠. 수강생분들 중에는 수업에서 발음을 배우고 나면 예전에 해외여행 중에 왜 그 외국인이 못 알아들었는지 알겠다고 말하는 경우가 많았습니다. 발음도 원리를 알고 나면 답답함이 해소되고 또 교정의 실마리도 찾게 되지요.

"하하하,
발음이 좀…"

발음에 문제가 있긴 했지만 영어 문장을 이해하는 데는 자신이 생겼기 때문에 좀 더 고급 영어를 배우고 싶어 통번역 학원을 다니기 시작했습니다. 일상 회화가 아닌 시사적인 내용을 공부하려고 미국 뉴스나 뉴스위크 주간지를 읽었죠. 시사 단어가 너무나 어려워서 모르는 단어를 사전에서 찾느라 많은 시간을 들여야 했지만 일단 단어만 찾으면 해석 못할 문장이 없었기 때문에 의욕이 넘쳤습니다.

그런데 통역 학원에 다니면서도 발음 문제로 크게 좌절할 일이 생깁니다. 뉴스를 외워오는 숙제가 있었는데 수업 시간 마이크를 넘겨주면 선택된 학생이 외워온 문장을 말하고 그것을 녹음했습니다. 실제 통역처럼 한국어 해석을 영어로 옮기듯 말해야 했습니다. 한편으론 부담도 됐지만, 은근히 제 차례가 오기를 기다렸습니다. 모르는 단어만 사전을 찾고 정리해두면 문장을 이해하고 외워 말하는 것에는 누구보다 자신이 있었거든요. 그러던 어느 날이었습니다.

"거기 학생 숙제한 거 영어로 말해보세요."

신이 나서 시작했습니다. 정확한 이해한 문장의 구조와 뉘앙스를 영혼까지 담아 열심히 전달했죠. 한 번도 머뭇거리지 않고 매끄럽게 모든 문장을 틀리지 않고 말했죠. 스피킹 문법 공부가 빛을 발하는 순간이었습니다. 저의 눈빛, 표정, 제스처까지 모든 것으로, 온 세포로 내용을 전달하며 단 하나의 단어도 틀리지 않고 제 순서를 마쳤습니다. 나름 지금까지 한 그 누구보다도 잘한 것 같아 흐뭇해하면서 마이크를 내렸죠. 들어온 지 얼마 안 된 신입치고는 잘했다고 칭찬을 듣지 않을까 내심 기대했던 저는 전혀 기대하지 않았던 얘기를 들었습니다.

"하하하, 발음이 좀…"

유머로 말한 강사님의 멘트에 웃음이 빵 터진 학생들. 뒷통수에 눈이 달린 것도 아닌데 마치 다들 저를 한심하다고 보는 표정을 확인한 마냥 얼굴이 화끈거렸죠. 순간 울상이 된 제 표정을 눈치챘는지 강사

한국인이 성공하는 영어 스피킹은 따로 있다

님이 웃음을 멈추고 다시 말을 이어갔습니다.

"발음이 뭐… 미국인 같진 않았어요. 그래도 문장의 전달력이
나 정확도가 정말 좋네요. 앞으로 꾸준히 공부하면 아주 좋은
결과 있겠어요."

그 뒤에도 몇 마디 칭찬을 더하긴 했지만 한마디도 들리지 않았습니
다. 어디 쥐구멍이라도 있다면 들어가고 싶었죠. 발음에 대해 고민
하긴 했지만 중간은 된다고 생각했기 때문에 이 큰 교실에서 모두가
나를 보고 웃는 이 상황에 가만히 앉아 있을 수가 없었습니다. 수업
이 끝날 즈음, 강사님은 문장을 외우는 것도 중요하지만 통역을 한다
면 상대가 알아듣도록 제대로 발음하는 것도 중요하다며 똑같이 발
음하는 연습을 게을리하지 말라고 조언했습니다. 저를 콕 집어 말하
는 것 같았습니다.

그때부터 발음에 대한 해결책을 찾아야겠다고 생각했어요. 스피킹
공부 맨 처음에 생각했던 소리 감각에 다시금 관심을 갖기 시작했습
니다.

발음이 얼마나 이상하기에 그런 말씀을 하실까 분석해보기로 했습니
다. 학원 온라인 카페에 들어가 강사님이 올려준 제 발음 녹음을 듣
자마자 기겁을 했죠. 태어나서 처음으로 녹음된 제 영어의 발음을 들

어본 순간이었습니다. 내 발음이 이렇게˙최악이었다니. 나름 영어식으로 말한다고 생각했는데 영어를 잘 못하는 한국인이 괜히 꼬부랑 혀를 굴리려는 듯 그렇게 어색할 수가 없었습니다. 영어 문장은 둘째 치고 어떤 부분은 제가 한 말인데도 무슨 말인지 알아들을 수가 없었어요. 한두 번 발음 좋다는 얘기를 들은 적도 있어서 착각하고 있었는데 녹음해 남의 목소리처럼 들었을 때의 발음은 완전히 달랐죠. 그래서 그때부터 주관적인 느낌이 아니라 객관적으로 녹음해서 내가 직접 들었을 때도 괜찮을 때까지 연습하겠다고 다짐했습니다.

혼자 발음 교정을 시작하면서 하루 종일 녹음기를 달고 살다가 나중에 알게 되었는데요. **그 당시 저는 발성, 발음, 악센트, 음절 모든 면에서 엉망이었습니다. 소리 감각을 키우려면 이 네 가지를 골고루 다 지켜야 합니다.** 발음을 지킨다 해도 악센트를 안 지키고, 음절도 엉망이라면 도로 아미타불이죠.

전형적인 한국 토종 발음인데다가 엉망진창으로 소리 내던 제가 훗날 원어민인줄 알았다, 살면서 들어본 영어 발음 중에 제일 좋다는 얘기를 들은 줄은 꿈에도 몰랐습니다. 당시엔 발음 좋다는 얘기를 듣고 싶던 것이 아니라 그저 대화할 때 상대가 자꾸 못 알아듣는 불편함과 부끄러운 상황만을 극복하고 싶었을 뿐이었으니까요. 더 좋은 것은 그 경험을 통해 오늘날 스피킹을 가르치면서 저처럼 발음 고민

한국인이 성공하는 영어 스피킹은 따로 있다

있는 수강생 분들의 한국식 발음을 원어민 발음으로 교정해줄 수 있게 된 것이죠. 그땐 공개적으로 망신을 준 강사가 무척 미웠지만 지금 생각해보면 그 일을 계기로 제 영어 실력은 훨씬 더 나아졌습니다. 전화위복이란 말을 이럴 때 쓰겠죠. 살면서 맛보는 쓰디쓴 좌절은 때로 더 나아지는 계기가 되기도 합니다.

성대 결절 직전까지 간
녹음기와의 사투

통역 학원에서 발음으로 비웃음을 당한 이후, 저는 녹음기로 직접 들었을 때도 제 발음이 정확할 때까지 연습을 하겠노라 다짐했습니다. 결국 의사소통은 문장을 소리로 전달하는 일일진대, 소리가 전달되지 않으면서 완벽한 문장을 만들어봤자 반쪽짜리 영어라는 생각이 들었죠. 일단 내가 말하면 외국인이 한번에 알아듣도록 만드는 것을 목표로 삼았습니다. 나중엔 욕심이 나서 이왕이면 발음이 좋단 얘기도 듣고 싶어졌습니다. 하지만 발음이 좋다는 기준이 무엇인지 모르겠더라고요.

돌파구를 찾기 위해 시도 때도 없이 핸드폰 음성녹음 기능을 켜고 내 영어 발음을 녹음하기 시작했습니다. 나중에는 음성녹음 파일이 200개가 넘어서 핸드폰 메모리 공간을 다 차지하기도 했죠. 초기에 녹음한 제 영어를 들었을 때는 어찌나 듣기 싫던지 녹음기를 던져버리고 싶은 적이 한두 번이 아니었습니다.

문장은 그만두고라도 알파벳 발음부터 엉망이라고 느꼈기 때문에 알파벳부터 연습하기 시작했습니다. 그때까지 제가 발음을 배울 때 강조되었던 것들이 몇 가지 있습니다.

- L과 R발음의 차이
- F와 V발음의 차이
- 미국, 영국, 호주식 발음의 차이

그런데 문제는요. L과 R의 차이점을 열심히 배워도 막상 rain을 발음하면 그냥 한국어 "레인"이 나왔습니다. 발음 고민으로 오신 수강생 한 분이 해외여행 중 호텔 로비에서 바깥에 내리는 비를 가리키며 직원에게 "It's raining."이라고 했는데 전혀 못 알아들어 충격받은 적이 있다고 했었어요. 그런데 raining을 laining으로 발음해 못 알아들은 것 같지도 않았습니다. 그냥 한국식으로 "레이닝"이라고 발음했던 거죠. 저도 마찬가지였습니다. 미국식, 영국식, 호주식 발음의 특징을 아무리 배워도 제 발음은 항상 한국식이었습니다.

어차피 잘 안 되는 영어 발음 두 개씩 비교해서 공부할 게 아니라 나의 토종 한국식 발음과 미국식 발음의 차이를 알아내겠다고 결심했어요. 그래서 한국식으로 발음할 땐 혀를 아예 굴리지 않고 더욱 토종 발음으로 녹음을 해서 그 소리를 원어민 발음과 비교하며 차이를 찾아보았습니다.

원어민 발음은 온라인 사전에 있는 발음 기능을 이용했습니다. 전에는 뜻을 알기 위해 사전을 찾았지만 이젠 발음을 듣기 위해 이용했죠. 네이버 사전 발음은 기계음이 아니라 원어민이 직접 녹음한 소리였기 때문에 아주 유용했어요. 학교의 미국인 강사나 외국인 친구에게 내가 모르는 발음을 몇 번 물어보기도 했지만 궁금한 모든 단어들을 그렇게 할 수는 없었습니다. 또 앞으로도 평생 새로운 단어를 발견할 때마다 발음을 알아야 하니 차라리 이 방법이 마음 편했습니다. 하도 듣다 보니 네이버 사전은 3~4명의 원어민 선생님들이 돌아가며 녹음했다는 사실을 발견할 정도였어요.

알파벳 하나하나의 발음이 얼마나 중요한지 느끼게 된 일이 있었습니다. 비교적 쉬운 발음이라 생각했던 Q 발음 때문이었습니다. 하루는 영어 강의 수업 끝에 퀴즈를 본다는 거예요. 언제 보는 지 못 들은 저는 영어로 말해본다는 들뜬 마음으로 수업을 마친 원어민 강사님께 쪼르르 달려가 "When is the next quiz?" 라고 물어봤습니다. 그런

한국인이 성공하는 영어 스피킹은 따로 있다

데 또 시작이구나, 불길한 예감을 느끼자마자 교수님이 말하셨어요. "When is… what? Pardon?" 지나가면서 쳐다보는 친구들도 있고 해서 조바심이 난 저는 계속 큰 소리로 말했죠.

　　"Quiz! Quiz! you said a quiz!" _퀴즈! 퀴즈! 퀴즈 본다고 하셨잖아요.

'이 강사는 왜 퀴즈란 단어도 모르지!' 답답했습니다. 대여섯 번을 갸우뚱하다가 겨우 알아들은 강사 분의 발음은 충격이었습니다.

　　"Oh! You mean the quiz!" _아! '쿠~이즈' 말이군요.

Quiz의 "퀴"는 제가 생각했던 것보다 훨씬 더 입술을 모았다가 확 벌려주면서 "쿠이"에 가까운 발음이었습니다. 그 외국인 강사가 입이 굉장히 커서 별명이 하마였어요. 입술을 동그랗게 모았다가 옆으로 활짝 벌리면서 발음하는데 입이 어찌나 크게 벌어지던지 아직도 그 장면이 슬로우 모션처럼 생생합니다. 집에 와서 "퀴즈"라고 녹음해보고 사전 속 원어민 발음을 찾아보니 확실히 다르더라고요.

Quiz, 이 발음을 한번 네이버 사전에서 찾아서 들어보세요. "퀴즈"보다는 "쿠이~즈"처럼 들리실 거예요. Queen도 "퀸"보다는 "쿠인~"처

럼 발음합니다. 이렇게나 작은 차이가 의사소통을 가로막다니 너무
한다 싶었죠.

오랫동안 실수했던 발음이 하나 더 있습니다.
바로 J 발음인데요.

　I just can't.

이상하게 이런 문장을 제가 녹음해서 들으면 just 발음은 마치 가수
가 중간에 한번 음이탈을 하듯 한국식으로 돌아가는 거예요. J로 발
음하는 모든 단어들에서 이런 문제가 있음을 발견하고는 J 발음만
따로 한국식, 영어식으로 비교하며 녹음해보기 시작했습니다.
Just는 "저스트"가 아니라 입술을 모아서 "(은)쥐스트"처럼 발음해야
합니다. 재밌는 것은 제가 J 발음은 발음기호 [d3]에 해당하며 이 발
음은 "쥐"에 가깝다는 것을 분명 배운 적이 있었다는 겁니다. 하지만
무의식 중에 발음할 때면 전형적인 한국인인 저는 알면서도 J를 한
국어 "ㅈ"으로 발음하고 있었던 거죠. 이 차이를 명확하게 알고나니
J 발음을 교정할 수가 있었어요. **발음 교정은 해외에서 살다오는 것
과 상관이 없습니다. 더 중요한 것은 바로 "차이"를 아는 것입니다.** 우
리가 무의식 중에 하는 전형적인 한국식 발음과 영어식 발음의 차이.

이 차이만 알면 단기간에도 스스로 발음을 교정할 수 있습니다.

차차 원어민들이 발음하는 원리를 깨닫기 시작하자 새로운 것들이 이해되기 시작했습니다. 원어민이 한국어를 발음할 때 귀엽게 들리는 이유가 있었어요. 외국인 친구들이 제 친구 "Yujin 유진"을 부를 때 왜 "유쥔~"이라고 발음하는지, "진짜"를 왜 "쮠~쫘~"라고 입술을 모아서 발음하는지도 알게 되었죠.

발음 차이를 발견하는 일에 재미를 느끼며 몇 개월간 하루 종일 녹음기를 손에서 놓지 않았습니다. 어느 날 목이 칼칼해지면서 쉰 소리가 났어요. 그러다 며칠 뒤 목에 뭐가 걸린 듯 불편한 느낌이 들기 시작했습니다. 발음 교정에 푹 빠져 신경도 안 쓰고 계속했더니 목소리가 아예 안 나오는 겁니다. 이비인후과에서는 목 안쪽에 작은 혹이 생겨 성대결절 직전이라고 했습니다. 가수들이 걸리는 성대결절에 내가 걸리다니. 이대로 계속 진행되면 수술까지 갈 수 있다고 해서 한동안 자제하며 일주일 내내 가족들과도 필담으로 대화를 대신했죠. 그런 일을 겪어가며 알파벳 A부터 Z까지 26개를 모두 한국식 발음과 영어식 발음으로 정리했습니다.

● QR코드5 Q, J 등 발음표 해설

	한국식	영어식
a	애	한국어보다 입이 위아래로 더 커져야 함
e	에	한국어보다 입이 옆으로 더 웃듯이 벌어져야 함
i	이	한국인은 이를 악물고 발음하는 경향이 있음, 입에 힘 빼고 발음하기
o	오	한국어 "오"보다 입이 더 벌어져야 함
ʊ	어	한국어 "어"와 비슷하지만 입술에 힘주지 말아야 함
w	오	한국어 "오"보다는 작게 입술을 빨대 물듯이 동그랗게 모은 상태에서 벌어지거나 반대로 오므라들게 발음하기
y	이	"이"라고 발음한 후 소리가 바뀜
b/m/p	ㅂ/ㅁ/ㅍ	입술을 붙이고 소리내지 말고 입술 붙이기 전에 "음"을 넣어서 "(음)브/(음)므/(음)프"로 발음하기
l/n/d/t	ㄹ/ㄴ/ㄷ/ㅌ	한국어는 혀를 앞니 뒤에 붙이지만 영어는 치아 뒤쪽 잇몸 튀어나온 곳이나 경구개에 붙이며 발음하기
c/k/ㅇ	ㅋ/ㅋ/ㄱ	한국어 자음 키읔 등이 발음되는 위치보다 더 뒤쪽인 연구개 쪽에서 발음하기
f/v	ㅍ/ㅂ	윗니를 아랫입술 위로 깨물되 v는 f보다 살짝 안쪽에 물리면서 울려주기

h	ㅎ	한국어 히읗에 비해 바람을 많이 빼야 함
j	ㅈ	입술을 모아서 "쥐"에 가깝게
g	ㄱ	입술을 더 모아서 "쿠이"에 가깝게
r	ㄹ	혀를 뒤쪽으로 당겨주며 "롸", "뤄"처럼 발음하기
s/x/z	ㅅ/ㅋㅅ/ㅈ	s는 한국어 시옷보다 더 바람을 빼며 세게 발음하기, z는 s 와 같은 위치에서 혀에 진동을 주며 울려주기, x는 ks (윽)쓰

영어와 우리말의 차이를 발견하고 나니 영어로 발음하는 게 너무나 재밌어졌습니다. 발음 수업을 들은 수강생분들도 영어로 자꾸 말해 보고 싶다는 말을 자주합니다. 우리도 영어 발음이 재밌어져야 영어 로 자꾸 말하게 되지 않을까요?

발음을 교정한다는 것은 문장도 중시하면서 발음도 신경 쓴다는 뜻 이지 발음에만 겉멋이 든다는 뜻은 아닙니다. 한국식 발음이 묻어나 도 원어민이 잘 알아듣는 경우가 있고, 나름 굴리는데도 전혀 못 알 아듣는 경우가 있습니다. 음치와 보통 사람과 가수가 있는 것처럼, 우리 모두가 가수가 될 필요는 없지만 적어도 영어 발음 음치가 되지는 않도록 하는 것이죠. 모두가 원어민 같은 발음을 할 필요는 없지만, 정확한 발음은 영어 공부에서 필수입니다.

04

콩글리쉬에서
원어민 발음으로 바뀐 결정적 포인트

보통 성인이 되면 발음 교정을 할 수 없다고 생각하기 쉬운데, 그건 우리가 콩글리쉬와 원어민 발음이 하늘과 땅 차이라고 생각하기 때문이죠. 하지만 한국인이나 미국인이나 목구멍도 하나고, 혀도 하나입니다. 비슷하게 생긴 조음기관으로 내는 발음 차이가 커봤자 얼마나 크겠어요. 다만 성인이 아이들에 비해 교정이 힘든 이유는 자꾸 한국식 발음으로 기준을 세우려고 해서 그래요. 아이들은 모든 게 새로워서 들리는 대로 따라 하는데 말이죠.

영어 모음 O 발음을 예로 들어볼게요. 우리가 이 발음을 할 때면 머릿속에 한국어 "오"가 동동 떠다니면서 간섭을 합니다. 아래 영어 단어는 한국어로는 이렇게 적죠.

on 온

on the table 온 더 테이블

하지만 영어 O는 한국어 오와 다릅니다. 네이버 사전에서 on을 찾아 원어민 발음으로 들어보세요. 제 발음과 원어민 발음과 비교를 해보니 입을 조그맣게 벌리고 "온"이라고 하는 제 발음과 다르게 "언-" 정도로 소리가 나는데 "안-"처럼 들리기도 했습니다. 발음기호를 찾아보면 쉽게 이해할 수 있을 거라 생각했는데 발음기호도 나름대로 문제가 있었어요. O를 찾아보니 이렇게 다양한 발음기호들이 나왔거든요.

[ɔ] [ɑ:] [oð] [ə]

그중 뭐가 맞을까 고민하는 게 아니라 원어민처럼 감각에 따라 바로 말하고 싶었습니다. 예를 들어 국물이라는 한국어 단어를 봤을 때 [궁물]이라는 발음기호와 역행동화라는 발음 규칙을 몰라도 바로 "궁물"이라고 자연스럽게 나오듯이 말이죠. 게다가 발음기호를 열심히 외웠어도 여전히 발음이 나쁘다는 게 함정이었습니다.

그래서 일일이 발음기호를 찾지 않고 바로 발음할 수 있는 방법을 찾기 시작했는데 그 기준은 녹음기 속 소리였습니다. 내가 내는 소리를 들으며 비교하고 또 다시 발음하다 보면 직관적인 원리를 찾을 수 있었습니다. 예를 들어서 O 발음은 하나의 포인트만 지키면 모두 정확한 발음으로 교정할 수 있어요. 손가락 검지와 엄지 두 개로 고리 모양을 만들어보세요. '오케이'라고 할 때 만드는 제스처 말이죠. 이 정도 크기만큼 입을 동그랗게 벌리고 발음하면 어떤 O 발음이든 정확히 발음할 수 있어요. 한국어 "오"처럼 입이 자꾸 작아지면 안됩니다. 다음 단어들로 연습해볼까요?

• orange	오렌지(×) – 어린지	
• jogging	조깅(×) – 저깅	
• shopping	쇼핑(×) – 샤핑	
• sorry	쏘리(×) – 써리	
• chocolate	초콜렛(×) – 처컬릿	
• chopstick	촙스틱(×) – 찹스틱	
• knock	노크(×) – 낙	
• of	오브(×) – 어ㅍ	
• alcohol	알코올(×) – 알커헐	

●QR코드6 발음 모음 O

한국어로 적으면 단어에 따라 '어', '야', '아' 다양해지니 입 모양 하나의 방법으로 기억해두고 연습하는 게 좋아요. 예전에 '가요 톱텐(Top

10)'이라는 프로가 있었습니다. 하지만 이제는 누구나 'top'을 발음할 때 '톱'이 아니라 입을 더 벌리고 '탑'이라고 하죠. **어떤 것은 지키고 어떤 것은 안 지키고 하지 않도록 하나의 발음 원리를 기억해두는 게 효과적입니다.**

모든 모음은 단모음과 장모음 두 개가 있습니다. O 발음의 단모음은 방금 전 했던 고리모양으로 발음하는데 장모음은 거기에서 입술을 살짝 오므리면서 더 길게 '어우-'처럼 발음을 해야 합니다.

- rose   로즈(×) – 러우즈
- joke   조크(×) – 저우크
- so   쏘(×) – 써우
- no   노(×) – 너우
- oh   오(×) – 어우

여행 중에 많이 실수하는 발음 중 하나가 바로 콜라를 줄인 말인 coke입니다. 이 발음은 장모음이기 때문에 "커우크-" 정도의 발음이 됩니다. 하지만 우리는 한국식 발음 '오'가 간섭하기 때문에 무의식 중에 '콕'이라고 발음하기가 쉽죠. '콕'이라고 발음하면 영어 단어 중 비슷한 발음인 'cock'을 연상시키는데 수탉, 숫놈이란 뜻이 있어서 오해를 살 수 있죠. 어떤 외국인이 한국인의 coke 발음을 놀리는 영

한국인이 성공하는 영어 스피킹은 따로 있다

상을 만들어 올린 것을 본 적 있습니다. 영상을 보고는 너무 놀라 한동안 말을 잃었죠. 한국식 발음으로는 '콕'과 비슷하기 때문에 그렇게 발음하는 게 자연스러운 것이고 그것은 비하할 일이 아니라 알려줄 일이었습니다. 서양인들은 "노래방" 발음을 어려워합니다. 영어식 O 발음으로 입을 벌려 "너~우래방~"이라고 합니다. 그렇다고 우리가 타박하지 않잖아요.

저도 발음으로 비웃음을 당한 경험이 없었다면 문제의식이 없었을 것이고, 발음 교정을 못했다면 무시당하는 게 당연하다고 여겼을지도 모릅니다. 가장 큰 문제는 영어를 잘하는 한국인이 다른 분의 발음을 문제 삼는 경우라고 생각합니다. 이때부터 저는 영어에 능숙해져도 잘못된 우월의식을 갖지 않겠다고, 오히려 그것을 바꾸는 데 목소리를 내겠다고 다짐했습니다.

05

2퍼센트 부족할 땐
교포 음질 영어 발성

녹음하면서 서서히 달라지는 발음에 뛸 듯이 기뻤지만 아직도 2퍼센트가 부족하다는 느낌을 지울 수가 없었습니다. 단순히 발음을 정확히 하고 싶다는 마음이었다면 이 정도에서 만족할 수도 있었는데 발음 때문에 비웃음을 당한 덕에 강박이 생겼습니다. '다른 사람 귀에는 내가 녹음한 소리만큼만 들릴 텐데….' 이제는 비교적 정확하게 발음하는 한국인같이 들리긴 했지만 아직 좋은 발음 같진 않았죠. 어떻게 이 문제를 넘어설까 계속 고민했습니다.

그러던 어느 날 캐나다에서 살다온 친구가 원어민 강사와 쉬는 시간에 대화하는 모습을 보게 되었습니다. **그 친구가 한국말을 할 때는 또래의 한국 여학생들과 같이 높은 톤이었는데 영어를 할 때는 갑자기 돌변해 오페라나 성악하는 사람처럼 깊은 동굴 소리가 나는 것이었습**

한국인이 성공하는 영어 스피킹은 따로 있다

니다.

그날 집에 돌아오자마자 녹음기에 대고 친구와 최대한 비슷하게 영어로 말해보았습니다. 그때 사람은 내쉬는 숨에 말을 한다는 것을 처음 발견했습니다. 그래서 우리가 산 정상에 올라가서 메아리를 칠 때 숨을 한 번 크게 들이마신 뒤에 내뱉는 호흡으로 "야~~~호~~~."라고 말하는 것이죠. 말은 호흡에서 시작되는데 그 호흡이 바로 발성입니다. 성대에서 시작된 호흡이 혀와 입 같은 조음기관을 만나 발음되는 것이죠.

발성에 대해 찾다가 한국어는 흉식, 영어는 복식 발성이란 것을 알게 되었습니다. 한국어는 호흡을 들이마시고 내쉬는 곳이 몸의 윗부분이고 창이나 판소리처럼 목으로 지르는 듯한 느낌의 발성입니다. 그런데 영어는 호흡이 더 아래쪽에서 이루어지고 오페라나 성악처럼 더 아래쪽 몸통까지 울려서 소리를 내죠.

영어는 복식호흡이라는 것을 듣고 참 난감했습니다. 머리로 알았다고 바로 몸으로 할 수 있는 것은 아니었습니다. 살면서 한국어를 흉식호흡으로 발성한다고 느껴본 적이 없기 때문에 감이 전혀 안 왔죠. 오페라처럼 말을 해도 이상한 소리만 낼 뿐 더 좋은 발음이 나오는 것 같지는 않았어요. 그렇게 방황을 하다가 의외로 쉽게 해결책을 찾았습니다. 아나운서를 준비하던 친구를 만났거든요.

원래 조금은 아이 같은, 애교 있는 목소리를 가진 친구가 아나운서 시험을 준비한다며 대본을 읽는데 소름이 돋았습니다. 제가 학교에서 엿들었던 캐나다에서 온 친구의 웅웅거리는 동굴소리가 난 거죠. 다만 그것이 영어가 아니라 한국어라는 차이만 있었을 뿐이었습니다. 제가 아는 친구의 평소의 한국어 말소리와 전혀 다르게 아나운서 대본을 읽을 때는 살짝 남자처럼 중저음의 몸통을 울리는 듯한 목소리를 냈습니다. 친구에게 아나운서 발성이 혹시 복식호흡으로 하는 거냐고 물어보니 그렇다고 하기에 드디어 방법을 찾았다 싶었죠. 친구는 아나운서들이 연습하는 방법이 있다며 알려줬는데 몇 분 만에 할 수 있는 따라 하기 아주 간단하고 쉬운 것도 있고 도무지 시간 내서 하기에 어려운 것도 있었습니다. 그래서 간단한 방법을 매일매일 해줬더니 조금씩 제 소리가 바뀌는 것이었습니다.

생각해보면 아나운서는 영어 announcer을 그래도 옮긴 외래어이고 원래 한국에 없던 개념입니다. 즉 서양의 방송 기술이 그대로 들어온 것이죠. 언어는 한국어지만 카메라 앞에서 말하는 해외 뉴스 앵커들의 영어 발성 그대로 말한다는 사실을 깨달았습니다. 수강생 분들 중에 영어 발성을 배우기도 전에 이미 발성이 되시는 분들이 있습니다. 여쭤보면 백이면 백 아나운서나 성우, 오페라나 뮤지컬 가수 지망생입니다. 이분들이 노래 연습을 할 때 처음 배우는 게 복식 발성이라고 합니다.

발성 연습은 일주일만 해도 전과 뚜렷하게 달라졌습니다. 꾸준히 연습하다가 시간이 좀 지난 후, 예전에 녹음한 제 목소리와 비교해보니 가늘고 아기새 울음 같던 소리가 점점 동굴 소리가 되어가는 것이 들렸습니다. 아나운서 지망생들은 방송을 준비하려고 발성 연습을 하는데 전 영어를 잘하려고 연습한 셈이죠. 발성 연습 자체는 어렵지 않고 다만 얼마나 꾸준히 하느냐에 달려 있습니다. 재미있게도 복식 발성을 하면 발음이 좋아질 뿐 아니라 왠지 영어도 더 잘 나온답니다.

발성 연습을 하면서 크게 달라진 게 바로 리스닝입니다. 예전에는 영어를 들으면 항상 블라블라로 들렸는데 안개 같던 웅웅거림이 한 단계 걷히면서 영어가 또렷하고 명료하고 귀에 꽂혔습니다. **우리의 입과 귀는 연결되어 있다고 합니다. 그래서 우리는 스스로 낼 수 있는 소리만 들을 수 있고, 들리는 소리만 따라 할 수 있다고 합니다. 점점 영어가 더 잘 들리고 또 잘 따라 하게 되면서 제가 원했던 소리 감각이 잡혀가고 있었습니다.**

● QR코드7 **발성**

악센트보다
훨씬 중요한 것은

마지막으로 교정한 것은 악센트였습니다. 소리 감각은 발성에서 시작해 악센트로 완성된다고 할 수 있습니다. 우리가 발음(pronunciation)이 좋고 나쁘고를 따질 때 원어민들은 악센트(accent)를 지키는 것을 더 중시합니다. '단어 악센트'와 '문장 악센트' 두 종류가 있는데요. 단어 악센트는 발음기호에 나와 있는 단어별 강세입니다. 문장 악센트는 인토네이션이라고도 하는데 문장 내에서 높낮이와 리듬을 주는 것이죠.

제가 한창 영어를 공부할 때 《Gossip Girl(가십걸)》이라는 미드가 유행했습니다. 각 에피소드마다 맨 처음에 이런 대사가 항상 나옵니다.

"Hello, Upper East Siders, gossip girl here."

_안녕, (뉴욕 맨하튼 섬의) 위편 동쪽에 사는 (상류층) 친구들아, 가십걸이야.

미드 주인공인 양 따라 하다 보면 이상하게 gossip 발음이 맘에 들지 않았습니다. 단어 속 모든 모음과 자음 발음을 더 정확하게 지키면서 가씹!이라고 할수록 이상한 소리가 났죠. 원어민 발음을 녹음하고 들어보면 이런 느낌이었습니다.

가쏍

이때 악센트가 약해지는 슈와현상에 대해 알게 됩니다. 어떤 교수님께서 영어에는 슈와현상이 있는데 악센트가 없는 곳에서 힘을 다 빼버리기 때문에 멍청한 소리가 난다며 혼자 웃으셨습니다. 교수님의 썰렁한 농담에 학생들은 신경도 안 쓰는 듯했지만 저는 귀가 번쩍 뜨였습니다. "멍청음? 슈와현상?" 하면서 바로 검색을 시작했죠. 악센트는 오직 모음에만 있는데 모음 한군데 악센트를 주면 다른 모음은 약하게 발음해야 합니다. 단어 gossip에는 모음이 몇 개 있죠? O와 I 두 개가 있죠. 저는 너무나 정직하게 O와 I를 발음하며 go '가' ssip '씹' 하고 발음했던 것이죠. 하지만 go의 O에만 악센트를 주면 되고 ssip의 I는 거의 없듯이 발음해도 됩니다.

악센트보다 훨씬 더 중요한 것은 악센트가 없는 곳에 힘을 빼는 것이랍니다. 다 세게 말하면 왜 굳이 강세가 있겠어요. 약한 곳이 있어줘야 강세 부분이 도드라지는 것이죠. 이 현상을 알고 나서야 비로소 가십걸 미드의 오프닝 멘트를 원어민처럼 발음할 수가 있었어요. 슈와현상 발음기호는 [ə] 인데 gossip의 안에는 이 기호가 없었습니다. 하지만 표시되어 있지 않더라도 한군데 악센트를 주면 다른 곳은 악센트를 빼주면서 모음을 약하게 혹은 거의 없듯이 발음해야 합니다. 그래야 비로소 제대로 발음을 할 수 있었습니다.

- Korea   코리아(×) – ㅋ리아
- Japan   재팬(×) – 저팬
- Hawaii   하와이(×) – 허와이
- veteran   베테랑(×) – 베터랜(베러랜)
- boomerang   부메랑(×) – 부머랭
- before   비포(×) – ㅂ포
- behind   비하인드(×) – ㅂ하인드
- banana   바나나(×) – 버내너
- vanilla   바닐라(×) – 버닐러

●QR코드8 악센트

악센트를 지킨 순간부터 녹음해 들어도 객관적으로 맘에 드는 발음이 나오기 시작했습니다. 그런데 문장을 내뱉어보면 교정한 발음들이 적용이 안 되고 다시 한국식으로 돌아가기도 했습니다. 모든 문장을 원어민 발음으로 할 수 있게 되기까지 계속해서 단계를 거쳤죠. 생각해보면 우리가 태어나자마자 한국어 발음을 정확히 할 수 있는 것이 아니었습니다. 옹알이를 거치다가 마마, 까까 같은 반복되는 발음의 쉬운 단어를 말하고 선생님, 학교 같은 단어도 말하게 되고 그 다음에야 "선생님이 숙제 내주셨어요." 같은 문장을 말하게 되는 것처럼 말이죠. 그런데 이 문장도 그냥 단어 강세만 지키는 것 이상의 고유한 악센트가 있으며 그것을 지킬 때 의미가 잘 전달됩니다. 문장 속 악센트 즉 인토네이션(intonation)을 영영사전에서 찾아보면 이렇게 나와 있습니다.

"Your voice rises and falls as you speak."

_목소리가 높아졌다 낮아졌다 하는 것

예를 들어서 How are you? 같은 인사말을 할 때 보면 어떤 단어는 높게 말하고 어떤 단어는 낮게 말하죠. 보통 원어민들이 어떤 단어를 높여서 말했던 것 같나요?

"How ARE you?"

전 영어의 인사말은 이렇다니까 그냥 아무 생각 없이 말했습니다. 그런데 원어민들이 말하는 것을 들어보면 제 문장과 정말 달랐습니다. 감정이 훨씬 풍부하게 전달되면서 확연하게 제 심장에 꽂혔죠.

문장 악센트는 내가 감정을 담아 강조하고 싶은 곳에 줍니다. 그런데 'How are you?'는 보통 are에 악센트를 주죠. Be동사의 뜻은 "~이다."죠. "이니? 아니니?" 이게 궁금해서 are에 줍니다. "이니? 아니니? 안녕하니? 안하니?" 우리나라 말은 내가 "안녕하세요."라고 말하면 상대도 "안녕하세요."라고 대답하는데 "How are you?"는 어떤 상태 "이니?"라고 물었기 때문에 "I'm fine. I'm good."이라고 대답을 마저 해주죠. 그리고 그다음에 물어보는 사람은 보통 you에 악센트를 줍니다.

"How are YOU?"_'너'는 어떤데?

외국인 친구들에게 실험을 해본 적이 있었습니다.

1. 악센트를 안 주면서 말하기

2. 악센트를 주지만 감정은 실지 않고 말하기

3. 악센트 주는 단어에 내 감정도 담아서 말하기

세 번째 방법으로 말을 하자 제 말을 외국인이 한 번에 못 알아듣는 일이 사라졌습니다. 발음도 발음이었지만 감정을 표현하는 것이 핵심이었고, 영어는 상대에게 마음을 전달하려고 배우는 건데 그간 주객이 전도되었던 겁니다. 4개월 정도 지나자 외국인 친구들이 what? 이라고 되묻는 경우가 거의 없어졌고 대화도 술술 넘어갔습니다. 덕분에 더 자신감이 생겨서 자꾸 말을 하게 됐습니다.

발음을 공부하자 영어 또한 더 잘 들리기 시작했고, 또 잘 들리다 보니 새로운 단어나 문장을 따라 하기도 쉬웠습니다. 뜻과 철자를 모르는 단어도 소리만 들으면 어느 정도 따라 발음할 수 있게 된 것입니다. 이제는 영화 대사 암기가 아니라 저절로 습득되는 느낌이었습니다. 이미 스피킹 문법을 공부해서 뉘앙스까지 정확히 알았기 때문에 습득력이 어마어마하게 커졌죠. 영화에서 들은 문장을 바로 내가 하고 싶은 말로 접목해서 말할 수가 있게 되었어요.

아 이런 느낌이었구나. 문법 감각과 소리 감각이 있던 친구들은 영화를 보면 나름 이렇게 잘 들리고 잘 이해되고 잘 습득이 되어서 한 편을 포기하지 않고 끝까지 다 공부할 수 있었던 거구나. 암기라고 말은 하지만 실제로는 어린아이가 언어를 배울 때처럼 습득하고 있는 거였구

나. 이것을 몰랐으면 평생 지루하게 훈련하듯 공부할 뻔 했죠. **결국 이런 능력이 '원어민 수준'이란 게 아닐까 싶었습니다.** 아직 세상 경험을 많이 못해본 원어민 아이가 된 느낌이었어요.

"미국에서
살다오셨어요?"

강남역을 지나가는데 우연히 영어 말하기 테스트를 받으러 오라는 쿠폰을 받았습니다. 영어 100퍼센트로만 말하는 학원으로 원어민 선생님들과 소셜 미팅을 하며 공부하는 곳이라고 했습니다. 수업료는 비쌌지만 테스트는 무료라고 해서 내가 지금까지 공부한 것이 얼마나 효용이 있을까 테스트나 받아보자는 마음으로 들어갔습니다. 발음과 문장에 자신이 생겨 그런지 영어 100퍼센트 환경이 은근히 즐거웠습니다. 테스트를 기다리며 무료 수업에서 여럿에게 발음 좋다, 영어 잘한다는 피드백을 받자 기쁘고 안심이 되었습니다. 불과 얼마 전까지만 해도 회화 시간에 한마디도 못하고 비웃음을 당하던 나였는데 이제는 발음이 좋다는 얘기를 듣다니 뛸듯이 기뻤죠.

정규 테스트를 받았습니다. 학교 다닐 때처럼 시험 문제를 푸는 것이 아니라 실제로 대답하고 말하면서 스피킹을 종합적으로 판단하는 테스트였습니다. 그런데 놀랍게도 영어권 국가에서 3~4년 정도 살다온 사람과 실력이 비슷하다는 결과가 나온 겁니다. 영어권이라곤 부모님과 어릴 때 일주일간 캐나다 여행을 다녀온 것이 전부인 저는 스스로 공부한 방식이 통한다는 것을 객관적으로 입증받았구나 싶어 기뻤습니다. 테스트 결과를 설명해주신 분께서는 미국에서 살다오셨냐며 운을 띄웠습니다. 말은 하지만 발음, 문법 정확도가 떨어지는 경우도 많이 있는데 저는 유창하면서도 정확하다고 결과를 알려주셨습니다. '아 내가 제대로 공부했구나, 해외에서 살다오지 않고 한국에서만도 이 정도 실력을 낼 수 있구나.' 벅차오르게 뿌듯했습니다.

영어를 공부하는 게 너무나 즐거워진 저는 학교 강의도 기왕이면 원어 강의로 선택해 들었고 틈만 나면 도서관의 영어 코너에 가서 영어 책들을 뒤적였습니다. 영화 스크립트 책을 사서 본다거나, 아직 제 어휘력으로는 어려웠던 주간지나 원서 읽기에도 도전했죠. 저는 영어라는 세상에 풍덩 빠졌습니다. 마치 몸매에 콤플렉스 있던 사람이 다이어트를 성공적으로 마친 후 예쁜 옷을 입고 하루 종일 신나게 돌아다니듯 저는 하루 종일 영어와 놀았어요.

테스트 이후, 근거 있는 자신감을 갖게 된 저는 기회만 생기면 외국인들에게 영어로 말을 걸었는데, 도전을 많이 했기 때문에 그만큼 또 실수도 많았습니다. 분명 저보다 영어를 훨씬 더 잘하는 친구들이 주위에 많았지만 그럼에도 굴하지 않고 제가 지금까지 밟아온 길을 떠올리면서 앞으로 더 나아갔습니다.

한번은 100퍼센트 영어로 진행되는 강의에서 여학생, 남학생과 세 명이 한 조로 묶였습니다. 여학생은 스페인어과였는데 어릴 때 미국에서 8년 넘게 살다 와서 영어를 군이 더 공부할 필요가 없어 현재 전공을 선택했다고 했어요. 그 친구와 영어로 대화를 나누는데 남학생이 물었습니다. "그쪽도 미국에서 살다오셨어요?" 제가 한국에서만 공부했다고 말을 하자 그 남학생은 '영어는 정말 어렵다'라며 허탈한 표정으로 더 이상 말을 이어가지 않았어요. 한껏 우쭐해서 신나게 대화를 나누다가 남학생 쪽으로 얼굴을 돌렸는데 아뿔싸, 그 남학생의 표정에서 제 예전 모습이 보였습니다. 회화 시간에 눈치만 보다가 빨리 자리를 뜨고 싶어 하던 제 올챙이 적 모습이 눈에 선하게 떠올랐습니다.

'어… 내가 이러려고 영어 공부한 게 아닌데… 뭐지?'

처음 영어 공부를 시작할 때는 부끄러운 제 상황에서 벗어나기만 한다면 바랄 게 없다고 느꼈습니다. 두 번 다시는 말 한 마디도 못하거나 비웃음을 받지 않겠다고, 그런 사람이 되지 않겠다고 다짐했죠. 그런데 내가 좀 나아졌다고 나와 비슷한 상황에서 고민하는 사람에게 우쭐함을 느끼고 있었다니 당황스러웠습니다.

'내가 잘난 척이나 하려고 이렇게 힘들게 영어 공부한 게 아니지….'

그때부터 내가 공부한 방법을 반드시 가르쳐줘야겠다는 생각이 들었습니다. 스피킹 문법 공부 4~5개월, 발음 공부 3~4개월, 애니메이션으로 공부 3~4개월. 방법을 찾아내기까지 시행착오를 겪느라 오래 걸렸지만 일단 **방법을 확신하고 효과를 보기까지는 평균 4개월 정도 걸렸습니다.** 내가 발견한 이 방법을 알려주기만 한다면 이 모든 방법을 합쳐 한방에 공부하면 3~4개월 내로 엄청나게 습득력이 좋아지지 않을까, 입도 금방 트고, 발음도 좋아질 뿐만 아니라 일단 단문을 쉽게 만들어 말할 수 있지 않을까. 일단 입이 트이고 나면 잘 들리고 잘 외워지니 그다음에도 영어를 접하며 계속 성장할 수 있지 않을까 싶었죠.

문법 가르치는 수업도 있고, 발음 가르치는 수업도 있고, 영화로 배우는 수업도 있지만 이 모든 것을 종합적으로 배울 수 있는 수업을 만들고 싶었습니다. 마치 아이돌 가수를 키울 때 노래만 가르치는 것이

한국인이 성공하는 영어 스피킹은 따로 있다

아니라 춤, 연기, 악기 수업에 헤어, 메이크업팀까지 동원하듯, 그런 영어 수업을 만들고 싶었습니다. 그러자 굉장히 신이 나는 것입니다.

'나도 누군가에게 도움을 주는 사람이 될 수 있을까?'

성인들을 대상으로 스터디를 열었습니다. 아직 대학생 신분인 나에게 수업을 들으러 올까 싶었는데 신기하게도 모 커뮤니티 카페에 올리자마자 수업을 듣고 싶다고 연락이 많이 왔었죠. 성인을 대상으로 한 수업은 처음이었기 때문에 덜덜 떨면서 첫 수업을 시작했습니다. 감사하게도 오신 분들 모두가 8주 과정을 수강했고 다음 수업이 있으면 또 듣고 싶다고 했어요. 그런데 거기까지였습니다. 강의를 하는 것과 학생 관리는 또 다르더라고요. 부족한 사회 경험을 채우려면 어학원에 강사로 들어가 경력을 쌓아야겠다고 생각했습니다.

6년쯤 지나 이만하면 자신 있다 싶어진 순간이 와서 에스텔 잉글리쉬를 론칭했습니다. 예전에 제가 강좌를 닫을 때 다음 수업을 듣고 싶다던 수강생분이 6년 만에 찾아오시기도 했어요. 저는 수업을 선택할 때는 강사의 경험을 보는 것이 중요하다고 생각합니다. 무릇 선생님이란 대단한 사람이 아니라 먼저 先, 그렇게 살아본 生, 즉 노하우를 가진 사람이니까요.

얼마 전 수강생 분이 호주로 친구와 여행을 다녀온 이야기를 들려주
셨습니다. 식사를 마치고 친구가 자신 있게 혀를 굴리며 계산서를 달
라고 했대요.

"Excuse me. Bill, please."_계산서요.

"Pardon, sorry?"_네, 손님 뭐라고 하셨죠?

"Bill! Bill!"_계산서 말이에요!

직원 분은 계속 못 알아듣고 고개만 갸우뚱하더랍니다. 식사를 마친
상황이라 계산서를 말한다는 것을 알 법도 한데 어지간히 눈치가 없
었나봅니다. 같이 간 수강생분이 얼마 전 우리 수업에서 배운 영어식

발성을 생각하면서 배에 힘을 주고 외쳤답니다.

"Can I get the BILL?!"_계산서 좀 주시겠어요?

"BILL! Oh, okay!"_아, 계산서요. 네네.

친구가 의아해했대요.

"야 솔직히 내 발음이 더 좋았던 거 같은데, 저 직원 왜 못 알

아듣지? 그치?"

발음이 굳이 좋을 필요가 없다는 주장을 듣습니다. 발음이 그렇게 좋
지 않은 반기문 전 유엔 사무총장님도 훌륭한 영어를 하지 않느냐는
말도 덧붙이죠. 그런데 그분의 발음이 정말 안 좋을까요? 발음 같은
건 중요하지 않은 걸까요?

발음이 좋다 안 좋다고 말하는 우리의 기준은 너무 주관적입니다. 우
리가 좋다고 생각하는 발음의 기준은 미국 서부 캘리포니아, 혹은 동
부 뉴욕 쪽 발음과 악센트입니다. 영화나 미드 등 미디어에서 가장
많이 듣게 되는 발음이죠. 제가 미국 다양한 지역과 영국, 호주, 캐나
다 등 여러 원어민 선생님들을 만나보면서 가장 좋은 발음이라고 느
꼈던 선생님들은 모두 그쪽 출신이었어요. 영화의 중심지인 캘리포

니아 할리우드, 미드에 많이 나오는 맨해튼 악센트에 우리 귀가 익숙해진 겁니다.

중요한 건 발음이 좋고 나쁘고가 아니라 얼마나 정확하냐 아니냐 입니다. 분명 내 발음이 더 좋은 것 같은데 미국인들이 와이프의 발음을 더 잘 알아들어서 무슨 차이일까 궁금했다는 댓글도 봤습니다. 반기문 전 사무총장님 발음은 할리우드 배우처럼 들리지 않을 수는 있지만 사실 굉장히 정확합니다. 영어식 발성도 하시고 악센트도 훌륭합니다. 입모양과 혀의 위치 모두 지키면서 고급 어휘로 말씀하기 때문에 미디어가 지금 같지 않던 그 시절에 얼마나 치열한 노력을 하셨을까 감탄스럽죠.

다만 소리 감각의 네 가지 구성인 발성, 발음, 악센트, 음절 중에 음절만 살짝 한국식으로 끝을 늘려 발음합니다. 그런데 오히려 늘리듯 말하면 원어민 입장에서는 느리게 들리기 때문에 못 알아들을 일이 없습니다. 다른 것은 다 정확하고 음절만 한국식으로 발음하는 것이 우리에겐 큰 차이로 들릴지 몰라도 해외에선 별로 상관이 없죠. 예를 들어 필리핀이나 히스패닉 사람들은 to를 '뚜'처럼 발음하는 습관이 있습니다. 그런데 to나 뚜나 혀의 위치는 같기 때문에 듣는 데는 전혀 무리가 없습니다. 전체적인 발음이 정확한 상태에서 그 나라 악센트가 묻어나는 것과 아예 못 알아듣게 발음하는 것은 다른 문제입니다. 한국어를 잘하는 외국인 친구들의 발음은 외국 억양이 남아 있어도

한국인이 성공하는 영어 스피킹은 따로 있다

비교적 정확한 편입니다. 그런데 한국어를 배운 지 얼마 안 된 외국인 친구의 말은 아무리 애써도 도저히 알아들을 수 없을 때가 있습니다. 발음이 좋다는 말이 원어민과 발음이 100퍼센트 똑같아야 한다는 뜻이라면 그건 사실 중요치 않을지도 모릅니다. 그러나 **'발음을 정확하게' 하는 건 너무나 중요한 문제입니다.** 이런 목표를 말하시는 분들이 많아요.

"발음이 막 너무 좋을 필요는 없는데요, 그래도 잘하고 싶어요."

아마 미드 주인공 뉴요커 발음까지는 좀 쑥스럽지만, 그래도 원어민과 외국인들이 알아들을 수 있는 발음을 하고 싶다는 뜻일 것입니다. 일단은 정확한 발음으로 교정하는 것을 목표로 하고, 거기서 더 나아가 원어민만큼 발음하고 싶은 분들이나 그게 필요한 직업군에 있는 사람들만 한국식 억양이 안 묻어나도록 시간을 들여 연습하면 되는 겁니다. 강경화 현 외교부장관님의 영어를 들으면 발음이 좋다 나쁘다 하기보다는 '정확하고 완벽하다'라는 말이 더 어울리는 것 같습니다. **영어 단어와 문장은 영어 발음으로 말하기에 최적화되어 있습니다. 따라서 발음이 정확해지면 말하는 것도 훨씬 더 수월해집니다.** 정확함을 목표로 배울 수만 있다면 굳이 피할 이유가 없는 게 발음 공부랍니다.

Chapter 4

순수 국내파 영어,
현지에서도 통할까?

01

진짜 미국에서
두 달밖에 안 있었어요?

누구나 한번쯤 해외 경험을 꿈꿉니다. 제 수업에는 유학을 고민하는 대학생과 워킹홀리데이에 도전하는 20대 직장인이 많았습니다. 해외지사 근무를 신청한 30대 수강생들도 있었고, 자녀교육 겸 이민으로 인생 2막을 준비하는 40~50대도 있었죠. 은퇴 후 장기 해외여행 및 어학연수를 하고 싶다는 60대 수강생 분의 소망도 들은 적 있습니다.

저도 예외가 아니었습니다. 문법 감각과 소리 감각이 생긴 후 영어 실력이 꾸준히 늘면서 해외에 나가보고 싶다는 열망이 커졌습니다. 한국에 있는 원어민들은 우리를 배려해 천천히 말한다는 얘기도 들었고, 내 영어가 과연 현지에서도 통할까도 궁금했죠. 더 큰 세상에 대한 호기심도 한몫했습니다. 해외에 살다온 친구들이 부러웠던 것은 비단 영어만이 아니었어요. 저는 아직 잘 모르는 큰물에서 공부한 경험과 그 덕에 갖추게 된 트인 사고가 부러웠습니다.

하지만 실제로 가보면 영어는커녕 한국인들과만 어울리는 경우가 태반이라며 극구 말리는 친구들이 많았습니다. 생각보다 영어가 안 늘어 목표 기간보다 일찍 돌아왔다거나, 필리핀 연수를 1년 동안 했지만 돈만 버렸다는 소문도 들었죠. 농촌으로 워킹홀리데이를 갔더니 소랑 얘기해야 했다, 대화할 사람이 없어 홈스테이 집에서 티비만 보다왔다는 회의적인 이야기도 많았습니다.

알차게 보냈다고 말하는 친구는 단 한 사람뿐이었습니다. 그 친구가 달랐던 점은 영어를 이미 할 줄 아는 상태에서 떠났고, 국제 도시인 미국 보스턴으로 연수를 떠난 것이었습니다. 외국인 친구들과 쉽게 어울릴 수 있었다고 했죠.

저도 반드시 보스턴으로 가야겠다고 결심했지만 비용이 어마어마하게 든다는 것이 문제였습니다. 필리핀이나 미중부 농장은 비교적 저렴한 금액에도 다녀올 수 있었지만 보스턴은 모든 것이 비쌌죠. 아직 학생이었던 제게 부모님이 지원해주실 수 있는 금액을 계산해보니 두 달밖에 못 있겠다 싶은 겁니다. 같은 비용으로 다른 지역에서 1년 동안 있을 수도 있었지만, 혹여나 말도 못 붙이고 돌아올까 싶어 친구가 갔던 곳으로 짧고 굵게 다녀오자 계획했죠. 마침 졸업 및 취업 준비로 시간적 여유도 없었던지라 2개월 동안 다녀오기로 마음을 굳혔습니다. 비록 짧은 기간이지만 이미 영어를 할 수 있는 상태에서 떠나니 나만 열심히 하면 남들 2년 유학한 만큼 해낼 수 있지 않을까 하는 희망찬 생각을 하면서 말입니다. 최소 비용의 최대 효과를 누리고 싶었어요.

'I'm going to need a foolproof plan to achieve my goal.'
_내가 원하는 것을 이룰 수 있는 아주 완벽한 플랜을 짜자.

현지 또래 대학생들과 어떻게 하면 친해질 수 있을까 온갖 궁리를 했습니다. 먼저 어학원은 연세대 한국어 어학당처럼 대학교 캠퍼스 안에 있는 곳으로 가기로 했습니다. 주거 첫 달은 대학생들이 머무는 외부 기숙사, 둘째 달은 홈스테이로 하고 싶었습니다. 미국도 1인 가구가 많아서 홈스테이를 신청할 때 가족이 많은 곳으로 신신당부했습니다. 유학원에서는 아이부터 할머니까지 13명이 한집에 살고 있는 히스패닉 미국인 2세 대가족을 소개해주었어요. 단번에 좋다고 했죠.

만반의 준비를 마쳤지만 여전히 걱정이 앞섰습니다. 혹시 현지 영어

한국인이 성공하는 영어 스피킹은 따로 있다

가 너무 빨라 한마디도 못 알아듣고 다시 꿀먹은 벙어리가 되진 않을까, 다들 내 말을 못 알아들어 무시나 차별을 당하면 어떡하지 등등….

그렇게 근심걱정을 잔뜩 짊어지고 출발해서 미국에 첫발을 내디딘 순간부터, 한국에서 공부한 소리 감각과 문법 감각이 제 역할을 하면서 발음도 문장도 제대로 통하는 짜릿함을 느꼈습니다. 첫날 기숙사 룸메이트 친구들을 시작으로 캠퍼스와 어학원 친구들, 낯선 여행지에서 마주친 사람들, 심지어 길을 지나가던 외국인 친구들에게도 말을 걸며 잠자는 시간 빼고는 하루 종일 영어로 떠드는 흥분된 매일매일을 보냈습니다.

집, 도서관, 학교와 단짝 친구들밖에 모르던 제 영역이 세계 친구들을 통해 무한대로 넓어져갔고, 세계지리 교과서로는 어림도 없는 생생한 지구촌 이야기를 내 귀로 직접 들을 수가 있었습니다. 한국에 돌아와서 미국 연수 중 있었던 얘기를 하면 "진짜 두 달 밖에 안 있었어? 너 한 2~3년 있다온 줄 알았어, 고작 두 달 동안 그렇게 많은 일들이 있었단 말야?"라는 말을 자주 들었습니다. 2년간 유학을 다녀온 친구는 제가 본인보다 더 제대로 영어를 접하고 온 것 같다고 했죠.

보스톤을 다녀온 친구의 긍정적인 사례로 제가 만반의 준비를 했던 것처럼, 저도 제 경험담으로 다른 분들께 "나도 충분히 할 수 있겠다."라는 비전을 주고 싶었습니다. 실제로 수강생 중에는 제 얘기를 듣고 퇴사 후 워킹홀리데이를 계획하며 주말마다 열심히 수업을 듣던 분이 계셨습니다. 외국인의 파란 눈만 봐도 울렁거린다는 분이었는데, 수강 8개월째에 미국으로 가족 여행을 가서 원어민이 내 말을 한 번에 못 알아듣는 일이 없었다며 자신 있게 퇴사를 결심하셨어요. 혼자 세계 일주를 떠나신 분도 있었습니다. 영어 때문에 항상 주눅이 들고 콤플렉스가 심하다고 하셨는데, 4개월 수업을 듣고 떠난 여행지에서 발음 칭찬까지 듣는다며 기뻐하셨죠. 그 후 어느 날은 캄보디아에서 어떤 날은 캐나다에서 동에 번쩍 서에 번쩍하며 연락을 주셨습니다. 지금은 한 해의 반 이상을 해외에서 보내는 멋진 여행 마니아로 살고 계세요.

어학연수는 영어를 위해 꼭 필요한 것은 아닙니다. 해외 경험은 그보다는 인생의 터닝포인트를 위해서 필요합니다. 영어만을 생각한다면 한국에서도 충분합니다. 저도 스피킹 문법이나 발음 교정 모두 한국에서 익혔으니까요. 영어를 사용해야만 하는 환경에 놓인다는 점에선 해외가 유리하지만, 이 또한 내가 준비하고 적극적으로 다가가지 않는다면 해외에 나간다고 해도 한국에 있는 것과 마찬가지입니다. 요즘은 한국에서도 마음만 먹으면 영어 사용 환경에 노출될 수 있잖아요?

하지만 해외 경험의 진가를 영어에만 대입한다면 그건 너무 아깝습니다. 제 인생은 미국에서 보낸 2개월 전후가 기원전 기원후로 나뉘는 것 같습니다. 인생을 리셋 하고 싶다면 로또 당첨을 꿈꾸는 것보다, 영어 스피킹 공부 후 해외 생활을 해보라고 권하고 싶어요. 진정한 나를 찾고 싶어 세계 여행을 떠난 후 인생이 달라졌다는 이야기들이 많죠. 여기에 영어를 미리 익혀 자유로운 소통까지 가능하다면 그 효과가 몇 갑절이나 될까요?

어학연수, 미리 공부하고 가면 2개월도 충분하다

성인이 되어 외국에 나간다면 다음의 능력이 있냐 없냐에 따라 성공 여부가 판가름 납니다.

- 원어민~외국인이 낸 영어 소리를 따라 발음할 수 있는 능력
- 원어민~외국인이 말한 영어 문장을 따라 말할 수 있는 능력

문법 감각과 소리 감각이 있다면 아직 영어가 좀 서툴러도 가서 승산이 있습니다. 해외에 살아도 생각보다 영어가 늘지 않는다고 호소하는 경우는 위의 능력을 미리 갖추지 않았기 때문일 겁니다. 어린 아이들은 이런 감각이 살아 있어 영어가 금방 느는 반면, 어른들은 그렇지 않은 것이죠. 이 능력만 있다면 영어라는 바다에 풍덩 빠

저 하루에도 정말 수많은 표현을 온몸으로 배울 수 있기 때문에 2개월도 충분해요. 그 이상이라면 질리도록 수영할 수 있으니 더할 나위 없고요. **언어 감각이라는 '산소 탱크'를 지니고 있어야 영어 바다 속으로 겁먹지 않고 들어갈 수 있습니다. 저는 언어 감각을 후천적인 노력으로 만들 수 있다는 것이 천만다행이라고 생각합니다.**

보스톤까지는 직항이 없어 애틀랜타를 경유했습니다. 대한항공 기내에서는 영어를 쓸 일이 없었기 때문에 여기서부터 시작이라 생각했습니다. 새로운 환경에서 영어를 써볼 생각에 두근거리며 공항 직원에게 질문을 건넸습니다.

"Could you tell me where I can check the flight change, please?"
_항공편 변경 어디서 체크하는지 말해주실 수 있으세요?

88쪽에서 배웠던 '물어보는 말 만들기'를 복습해볼까요?

Could you tell me   where   I can   get the information?
　　　단문　　　　　　다리　　　　　　단문

앞에서 배웠죠? 다리 놓고 또 주어와 서술어와 서술어를 반복하는 겁니다. 그대로 적용하면 되요.

$$\underline{\text{Could you tell me}}_{\text{단문}} \underline{\text{where}}_{\text{다리}} \underline{\text{I can}} \underline{\text{check the flight change?}}_{\text{주어 + 서술어}}$$

환한 미소로 Sure.이라고 대답한 미국 직원은 어디서 왔냐고 상냥하게 물었어요. 몇 분간 대화가 이어졌습니다. 특별한 내용은 없었지만 첫 시도에 고무되어 생각보다 별거 아니네 하며 더 말해보고 싶어졌니다.

첫 대화가 통하자 그 후로는 신이 나서 계속 말이 이어졌다는 후기를 많이 들었습니다. 수강생 중 한 분은 워크샵으로 간 뉴욕 입국 심사에서 배운 대로 대답했더니 바로 통과되길래 자신감이 붙었답니다. 워크샵에서 영어로 제일 많이 떠들었는지 같이 갔던 영어 잘하는 동료들에게 "앞으로 그냥 네가 다 해"라는 말을 들었다는 수강생도 있었습니다. 현지 편의점에서 의문문을 스피킹 문법대로 만들어 물어봤는데 너무 잘 통해 살짝 허무해지면서 '왜 이렇게 쉬운 걸 그동안 무서워했을까' 하고 그 후로는 자신 있게 잘 다녔다는 얘기도 들었어요.

말하고 싶은 문장이 있는데 정 떨리면 머릿속으로 미리 만들어보고 내지르세요. 그다음부터는 더 쉽게 나오니까요. 한번 간단히 연습해보고 넘어갈까요?

● 연습문제: 현지에서 내가 먼저 질문해보기

1) (길을 잃었을 때) I'm lost. 여기가 어딘지 알려주시겠어요?
2) (시청을 찾을 때) 시청이 어디 있는지 알려주시겠어요?
3) (뜻을 알고 싶을 때) 이게 무슨 뜻인지 알려주시겠어요?

정답:

1) <u>Could you tell me</u> <u>where</u> <u>I am?</u>
   　　단문　　 　다리　 주어 + 서술어

2) <u>Could you tell me</u> <u>where</u> <u>the City Hall is?</u>
   　　단문　　 　다리　 주어 + 서술어

3) <u>Could you tell me</u> <u>what</u> <u>this means?</u>
   　　단문　　 　다리　 주어 + 서술어

기숙사에 도착해 중국계 미국인 친구를 룸메이트로 만나면서 보스턴 생활이 시작되었습니다. 다음날 아침 일찍 신입생마냥 등교를 한 후 어학원 교실 앞 수강생 명단을 구경하는데 Kim이나 Lee로 시작하는 한국 이름이 눈에 띄게 많았습니다. 어학연수 오기 전 한국인들과 친하게 지내지 말라는 얘기를 귀에 못이 박히도록 듣죠. 하지만 스피킹 공부를 미리 하고 간 상태라면 크게 좌우될 것 없습니다. 오히려 저는 나와 잘 맞는 한국인 단짝 친구를 먼저 사귈 것을 추천합니다.

기본적인 안정감과 편안함이 있는 상태라야 영어고 뭐고 할 수 있고, 안 그러면 먼 타지에서 외로워지기 십상이죠. 한국인과 어울려 다니면 결국 영어가 안 늘지 않냐고요? 아닙니다. 친한 한국 친구들이 있어 파티에도 더 많이 초대받고, 모임에도 더 많이 갈 수 있답니다.

첫날 어학원 테스트에서 제일 높은 레벨이 나와 스스로도 놀랐습니다. 한국에서 공부했던 방식이 효과가 있던 거죠. 수업을 들어보니 한국에서 공부했던 내용이 많이 나왔습니다. 문법도 스피킹 문법으로 설명하고, 원어민 발음을 가르쳐주었습니다. 기초 레벨부터 듣는다면 1년이 넘을 과정이지만 제 레벨부터는 2개월이면 수료할 수 있는 내용이라 수업보다는 사람을 직접 만나고 경험하는데 시간을 들여야겠다고 생각했습니다. 해외에서 얻은 가장 큰 수확은 세상이 이토록 넓고 다양한 사람들로 가득 차 있다는 것을 알게 된 거예요. 영어 때문에 고민하며 왔다면 영어 공부로 시간을 보냈을 텐데 미리 공부하고 간 저는 사람들을 만나는데 시간을 쓸 수 있었어요. 아침마다 눈을 뜨면 오늘은 어느 나라 사람을 만나게 될까 흥분과 설렘에 휩싸여 하루를 시작하곤 했죠.

기숙사에는 미국과 유럽, 남미 친구들이 많았습니다. 한국인인 제 느낌에는 외모만 보면 이미 영어를 잘할 것 같은 유럽 친구들도 나처럼 영어를 배우러 왔다는 사실이 재밌었습니다. 어학원에는 중국, 대만, 일본, 태국 등 동양과 중동 친구들도 많았습니다. 일본, 중국은 이웃나라라서 잘 알고 있다고 생각했는데 대화를 나눌수록 새로운 면모를 많이 발견했어요. 서양인이든 동양인이든 영어만 할 수 있으면 누구라도 대화할 수 있다는 사실이 감격스러웠어요.

사람들은 갈수록 물질 소비보다 체험 소비에 더 큰 만족감을 느낀다고 합니다. 명품 옷 한 벌 보다 새로운 문화 체험의 즐거움이 오래가는 법이죠. 저는 새로운 체험의 끝판왕은 외국인 친구를 사귀는 거라고 생각해요. 태국 여행을 갔던 친구가 가장 기억에 남는 순간이 태국 사람도 아닌 스위스 친구를 만난 것이라고 했습니다. 수강생 중에는 생애 처음 영어 말하기 입이 트인 후 제일 재밌었던 것이 여행지에서 만난 이스라엘 친구와 대화한 것이라고 했어요. 관광지 구경보다 사람과의 만남이 훨씬 더 값진 법입니다. 전 고작 두 달 동안 만난 세계 친구들과도 이렇게 경험의 폭이 넓어졌는데 평생 전 세계 200여 개국의 친구들을 만나본다면 내 그릇이 얼마나 커질 수 있을까 궁금합니다. 세계 주요 도시에서 2개월씩 살아보고 싶다는 꿈을 꾸기도 합니다. 세계어인 영어만 가능하다면 불가능한 꿈도 아니니까요.

미국 대학생들과
스타트업

미국에 도착해 일주일이 조금 넘은 시점에 내 영어를 좀 더 시험해 보고 싶었습니다. 어학원 등굣길에 지하철에서 또래 친구에게 말을 붙였는데 시큰둥한 반응과 함께 무시를 당했습니다. 미국에 있는 동안 좋은 일만 있었던 것은 아닙니다. 길거리에서 동양인을 비하하는 말을 듣기도 했죠. 하지만 그런 사람들은 원래 누굴 봐도 비하를 합니다. 그런 건 신경 끄고 또 무대뽀 정신으로 캠퍼스의 미국 대학생 친구에게 말을 걸어보았습니다. 마침 무슨 긴 줄이 있었거든요.

"Hey, would you tell me what this line is for?"

_안녕? 이거 무슨 줄인지 좀 알려줄래?

　　　　　　　　한국인이 성공하는 영어 스피킹은 따로 있다

항상 could(해주실 수 있으세요?)만 말하면 재미없으니까 would(해 줄 마음 있으세요?)도 써보세요. 매주 금요일마다 캠퍼스에서 햄버거를 무료로 나눠준다는 대답에 또 물어봤습니다.

"Is it free? Why do they give free hamburgers?"

_공짜야? 왜 공짜로 주는데?

본인도 항상 무료로 받았는데 왜인지는 모르겠다며 한 번도 생각해 보지 않은 질문을 하는 제가 재미있었는지 "너도 이 학교 학생이니?" 라고 물어봅니다. 차례를 기다리며 통성명을 하고나서 유학도 아니고 단지 영어를 배우기 위해 온 한국인 친구를 흥미로워합니다. 제가 영어를 가르쳐줄 의향이 있냐고 물어보니까 아주 재미있을 것 같다며 학교에서 다시 만나자고 했습니다.

다음에 만났을 때 그는 친구들을 여럿 데려 왔습니다. 같은 미국인들이지만 인종은 다 달랐습니다. 백인뿐만 아니라 중국계, 아프리카계, 베트남계 미국인들로 대여섯 명쯤 되었었는데 모두 2세들이었어요. 피부색도 성별도 나이도 다 다른 미국인들과 타지에서 온 저 또한 영어를 할 수 있다는 사실 하나만으로 친구가 될 수 있었습니다. 당연히 제 영어는 부족했지만 다들 제 얘기를 잘 들어주었어요. '내가 진심으로 말한다면 다 통할 것이다'라는 생각으로 함께 캠퍼스 주변을 활보하며 즐거운 시간을 보냈습니다. 한국에 있을 때는 나와 잘 맞는 친구들만 사귀려 했던 제 자신이 낯설 정도로 다른 사람을 판단하지 않았고, 또 판단받지 않았습니다. 그때 저는 모 대학교의 몇 학번, 평균 몇 학점의 스펙은 어느 정도 되는 한국인 아무개가 아니었습니다. 그냥 이 지구에 살고 있는 한 사람이었어요.

햄버거 줄에서 만났던 친구가 어느 날 진지하게 물어봅니다.

"Do you know any other people who came here to learn English like you?"_너처럼 어학연수 온 친구들이 주변에 많아?

맺혔던 한을 토해내듯 어학연수 준비 과정을 다 말했습니다. 어학연수 오는 친구들은 많지만 다들 '말 못할' 고민들이 있다고 했죠. 해외 나와도 '말 못할'까 봐 비싼 돈 들여 보내주신 부모님께는 '말 못할' 고민이요.

"I happened to have some ideas for them. We can start a start-up with the idea!"_그걸로 스타트업을 해보면 어떨까하는 생각이 문득 들었어!

한국인이 성공하는 영어 스피킹은 따로 있다

장난인가 생각하기가 무섭게 친구는 다음날 바로 사업 계획서를 적
어와 아이디어를 늘어놓았습니다. 미국 친구들의 추진력은 대단했습
니다. 이러니 미국에서 페이스북이 나올 수 있었나 봐요.

토익 점수 따서 취업할 생각만 할 줄 알았던 제게, 자신이 가진 것으
로 다른 사람의 필요를 해결할 수 있는 스타트업을 해보겠다는 친구
의 계획이 참신했습니다. 저라면 괜히 시간 낭비하다가 학점 안 나올
까 봐 도전은 감히 생각도 못 했을 텐데요. 그 친구가 스타트업 이름
을 공표했습니다.

Conversation + Sensational = 센세이셔널한 영어 말하기 스터디
Conversensational

저를 포함한 다섯 명의 친구들이 약간의 초기 투자금을 내기로 했습
니다. 계획을 주도한 대장 친구는 본인을 Chairman(이사장)이라고 칭
하며 친구들에게 Chief Executive Officer(최고경영자)등 호칭을 붙여주
었고 저는 Executive Vice-President: Korea(한국지부 부회장)가 되었습
니다. 페이스북에 이런 내용을 적었죠.

Company History _회사 소개
Conversensational began as an idea amongst five college stu-

dents located in Boston. This idea was based around a belief that teaching should be fun, dynamic and in an environment where students would be eager to learn conversational English.

_컨벌센세이셔널은 보스톤에 사는 다섯 명의 대학생들이 시작한 회사입니다. 영어 공부는 학생들이 저절로 말하고 싶어지는 재미있고 역동적인 환경에서 해야 한다는 아이디어에서 출발했죠.

저는 어학원 친구들에게 이런 프로그램도 있다며 알려주는 홍보를 맡았고, 또 얼마 정도의 수강료면 참여하겠냐고 설문조사를 하기도 했어요. 원하는 친구들을 오리엔테이션 때 데리고 오기도 했습니다. 오리엔테이션 날 패밀리 레스토랑에서 만났는데 Chairman 친구가 머리끝부터 발끝까지 정장을 차려입고 나왔습니다. 민망할 정도로 쫙 빼입고는 주변 시선은 아랑곳하지 않던 그 친구의 모습을 보니 항상 점수에 전전긍긍하며 입시 공부만 하던 저로서는 처음 맛보는 짜릿함이 느껴졌습니다. 밤새 만든 팜플렛을 열심히 나눠주며 진지하게 설명하던 친구의 모습이 아직도 기억에 남습니다.

이때의 경험이 나도 나중에 무엇이든 할 수 있겠다는 자신감을 주었고, 추후 1인 기업을 시작할 수 있는 용기도 주었던 것 같습니다. 어찌 보면 정식 스타트업도 아니고 스터디에 불과할 수도 있었는데 회사 이름을 짓고 핵심 가치와 직함을 정하고 성실하게 임하는 모습이 참 감명 깊었죠. 큰 세계에서 큰 그릇의 친구들과 함께 도전해본 경험이 제 그릇을 크게 넓히는 계기가 되었다고나 할까요.

04

하버드 친구의
스케일이 다른 꿈

3주쯤 지났을 때 스타트업 동료들이 듣는 대학 강의를 청강해보고 싶단 생각이 들었습니다. 그중 한 명과 마침 시간이 맞는 수업이 있어서 들어가봤죠. 머리가 희끗희끗한 노교수님께 한국에서 어학연수 왔는데 청강할 수 있겠냐고 여쭤보니 흔쾌히 허락해주셨어요. 과제 못한 걸 들키면 안 된다던 친구는 여느 대학생들과 다를 바 없었지만, 수업 분위기는 시작부터 사뭇 달랐습니다. 학과에 대한 배경지식이 없고 아직은 리스닝과 어휘력이 부족하다 보니 내용이 잘 이해되지는 않았지만 그래도 수업 방식은 금방 파악할 수가 있었어요.

교수님이 영상 하나를 보여주고서 질문을 던집니다. 판서나 가르쳐주는 것도 없이 다짜고짜 질문을 했는데 학생들이 적극적으로 손을

듭니다. 누군가 대답을 하면 다른 학생에게 앞 친구의 생각이 어땠냐며 물어봅니다. 토론식 수업을 눈앞에서 본 것은 처음이었어요. 생각이 다른 두 학생이 열띤 토론을 벌이기도 했는데, 그럴 때면 교수님은 논쟁을 정리해주고는 다시 질문을 시작합니다. 그렇게 한참 대화를 나누고서는 딱히 배운 것도 없는 것 같은 수업 시간이 끝났습니다. 학생들은 각자 하나씩 깨달은 듯 상기된 표정으로 강의실을 떠났죠. 정답은 없다는 것, 생각이 모두 다른데 그것을 모두 인정하는 것, 서로 대화를 나누면서 진리에 다가간다는 것. 지금까지 익숙했던 주입식 수업과는 많이 달랐습니다.

정답 사회에서 20년 넘게 산 제게는 약간 충격이었어요. 물론 서양이라고 평가 기준이 없지는 않을 것입니다. 그런데 내가 한국에서 정답이라고 생각했던 것이 다른 세계에서는 아닐 수도 있겠단 생각이 처음으로 드는 겁니다. 한국에서는 교과서를 잘 외워서 평균 95점 이상을 받는 게 인생의 정답이라고 생각했는데, 다른 나라에서는 내 생각을 잘 말하는 것이 정답일 수도 있는 것입니다. 한국에서는 내가 못하는 사람인 줄 알았는데 다른 세계에서는 잘하는 사람이 될 수 있는 거죠.

현지 음식이 안 맞았는지 속이 아파 버스에서 그만 쓰러진 날이었습니다. 한 친구가 도와준 덕분에 무사히 숙소로 돌아갈 수가 있었어요. 감사의 뜻으로 밥을 사기로 했죠. 다시 만났을 때 그 미국인 친구가 하버드대학교 학생이란 것을 알게 되었습니다. 친구의 안내로 하버드 투어를 하면서 대화를 나눌수록 나와는 생각의 스케일이 다르다는 느낌이 들었습니다. 세계 최고 대학을 나오면 당연히 일류 기업에 취직하거나 돈 잘 버는 사업가가 되는 게 꿈이 아닐까 싶었습니다. 그런데 졸업 후의 목표로 다소 오글거리는 멘트를 하는 것이었습니다.

"I'd love to make the world a better place. I want to be some-one who can make people happy."
_내 목표는 더 나은 세상을 만드는 거야. 다른 사람들이 좀 더 행복해질 수 있는 일을 하고 싶어.

괜히 있어 보이려고 저런 말을 하나 싶었는데 아시아 정세에 대한 이야기가 줄줄 이어지더군요. 자기는 동아시아 3국 관계에 대해 정말 걱정이 많다면서 어떻게 하면 함께 공존하고 잘 살아갈 수 있을지가 고민이라고 했죠. 한국인인 저보다도 동양 역사에 대해 더 잘 알고 일본, 중국과의 관계에 대해서도 줄줄 읊는데 저는 이미 영어 체력이 바닥나 듣는 대로 바로바로 해석을 할 수 없었습니다. 그저 웃으며 맞장구만 치고 있었는데 지난 10년간 헛공부를 했다는 느낌

한국인이 성공하는 영어 스피킹은 따로 있다

이 들었습니다. 시험을 위해서 공부하고는 다 까먹어버리니 세상에 도움이 될 만한 기억나는 공부를 한 적이 없었던 거예요. 게다가 이렇게 살면 좋겠다는 제 생각을 정립해본 적도 없었고요. **가끔은 영어를 못하는 게 아니라 할 말이 없는 게 아닌가 싶을 때가 있습니다.** 영어를 잘하는 지인이 OPIC 스피킹 시험에서 '최근 뉴스에 언급된 건강 관련 이슈를 말해보세요(What are some issues related to our health in the news these days?).'라는 질문에 아무 말도 못했다는 얘기를 했습니다. 한국어로도 딱히 대답할 게 없었다고 했죠. **결국, 내 생각이 분명하게 있어야 영어도 말할 수 있습니다.**

하버드대를 다니던 그 친구와 대화를 나눌수록 영어 잘해서 대기업에 취업해 잘 먹고 잘 사는 게 목표였던 제 자신이 너무 초라한 겁니다. 이후에도 제일 중요한 가치로 돈이나 명예가 아닌, 어떻게 하면 더 나은 세상을 만들지 고민하는 친구들을 많이 만났어요. 그때쯤에는 저도 저 혼자만을 위한 삶이 아닌 세상과 나누고 소통하는 삶을 살고 싶다는 열망이 생겼던 것 같아요.

현지에서
영어 실력 더 늘리는 법

현지에서 영어 실력을 늘리려면 얼굴이 두꺼워져야 합니다. 해외에 있다고 반드시 영어가 늘지 않는다는 얘기는 익히 들었지만 실제로 와보고서 더 실감했죠. 미국에 와서 영어 실력이 오히려 후퇴했다는 얘기도 들었습니다. 외국 생활에 허덕이느라 한국에서 하던 영어 공부도 손 놓고, 외국인들과 어울릴 기회가 없다 보니 말이죠. **먼저 갖춰야 할 것은 언어 감각이지만 그다음 필요한 것은 적극성입니다.** 전 민망할 정도로 아무에게나 가서 말을 걸었고 기회를 만들려고 했습니다. 한국에서는 낯선 사람에게 말을 걸면 이상한 취급을 받을 수도 있지만, 다행히 미국에서는 길에서 지나치는 처음 보는 사람과도 인사하고 대화하는 게 자연스러웠어요.

둘째 달부터 시작한 홈스테이도 잊을 수 없는 경험입니다. 홈스테이

한국인이 성공하는 영어 스피킹은 따로 있다

가족 구성원이 워낙 다양해 아이, 청소년, 대학생, 이모, 할머니, 또 그들이 데려오는 각양각색 남녀노소의 원어민 친구들과 대화를 할 수 있었어요. 제 방이 있었지만 일부러라도 거실에 있으려 했고 같이 외출하자고 하면 무조건 따라나섰죠. 특히 홈스테이 이모들과 친하게 지냈는데 다섯 명의 여자들이 밤마다 부엌에 앉아 잠들기 전까지 이야기꽃을 피웠습니다.

한국인 단짝 친구와 우리가 갈 수 있는 영어 모임은 다 수소문해 가보기도 했습니다. MIT 공대에서 주최하는 외국인 모임도 갔었고, 버클리 음대에 재학 중이던 친구의 초대로 교내 마이클 잭슨 추모 공연도 갔어요. 선상에서 하는 인터내셔널 파티나 대학교 캠퍼스 내 동아리 모임에도 가봤습니다. 그 짧은 두 달 동안 친구들과 함께 뉴욕, 필라델피아 등 다른 도시들을 여행했고, 여행지에서 만나는 사람마다 제가 하도 적극적으로 영어로 말을 붙이니 이런 칭찬들을 해줬습니다.

"How long have you lived in America?"_여기 미국에 얼마나 살았어요?

"I've been here for a few months."_한두 달 정도 있었어요.

"You've only really been here for a month, but your English is so good."_한 달밖에 안 있었는데 정말 잘하시네요.

처음엔 칭찬에 우쭐해지기도 했지만 이내 미국인들은 간단한 인사말에도 후하게 칭찬한다는 것을 알게 됐습니다. 여기서 더 실력을 더 늘리고 싶었습니다. 한국에서 키운 언어 감각으로 알고 있는 쉬운 단어로만 떠드는 어린아이 같은 수준에서 어떻게 해야 미국인 친구들만큼 말할 수 있을지가 그 시점에서 제가 하게 된 고민이었습니다. 미국인 친구들은 항상 제가 이제껏 한 번도 말해본 적 없는 새로운 단어와 표현을 쏟아냈습니다. 들어서 무슨 말인지 대충 이해하는 것과 그걸 내 입으로 말할 수 있는 것은 다른 문제입니다. 그때 우연히 국내파 스피킹 고수가 블로그에 쓴 글을 보게 되었어요. 말하고 싶은 표현을 미리 연습한 후, 상황에 끼워 일부러 말해볼 것을 권하는 그 글을 보고 새로운 아이디어가 떠올랐습니다.

언어 4대 영역 중 스피킹이 제일 더디 느는 이유는 하나의 표현에 일곱 번 정도 반복 노출되어야 비로소 그것을 말할 수 있기 때문입니다. 라이팅은 검색해볼 시간이라도 있는데, 스피킹은 표현을 완전히 알고 있지 않으면 입 밖으로 내기가 여간 어려운 게 아니죠. 어떤 표현을 일곱 번 듣고 읽게 될 때까지 막연히 기다릴 수는 없었습니다. 전일곱 번 미리 연습을 한 후 그날 일부러 꼭 써보기로 했습니다. 단짝 친구와 아침에 만나 당일 쓸 회화 표현을 10개 정도 골라 연습했습니다. 각 표현을 일곱 번 외치고 스피킹 문법에 따라 이렇게도 저렇게도 바꿔 말해봤죠. 폰 메모장에 저장해놓고 오늘 중 꼭 써보기로 약속하며 교실로 들어갔습니다.

하루는 연습했던 것 중 음식점에서 쓸 수 있는 표현이 있었습니다.

a party of two _일행 두 명

a party는 정당이란 뜻도 있는데 여기선 '한 팀'이란 뜻으로 of two, 두 명으로 구성된 한 팀 이란 뜻입니다. 오늘 써볼 표현 중 무엇을 쓰게 될지는 몰랐는데 맛집 앞에서 줄을 서서 기다리던 중 표현 하나가 귀에 꽂혔습니다.

"You said you have 'a party of three', right?"
_일행 세 분이라고 하셨는데, 맞으시죠?

언어의 재미는 반복과 응용입니다. 내가 익힌 표현을 어디선가 다시 만나면 뇌의 시냅스가 자극되는 쾌감이 있습니다.

"I have 'a party of two'." _저희는 일행 두 명이에요.

차례가 된 우리는 오늘도 하나 건졌다고 키득거렸고, 직원은 이 문장이 뭐가 그리 재밌다는 건지 몰라서 의아한 표정으로 우리를 자리로 안내해주었습니다.

현지에서 스피킹은 종합예술과 같습니다. 상대를 배려한 '영어 발음'
과 내 감정을 실은 '악센트'로, 듣는 이가 공감할 수 있는 '문법과 사
고방식'에, '표현'이라는 애드립을 끼워 넣습니다. 이렇게 종합적이다
보니 적극적인 준비가 필요하고, 현지에선 그저 사는 것만으로도 벅
차 피하고 싶은 게 사실입니다. 그러면 이 묘미를 느낄 수 없을 뿐더
러 실력도 제자리겠죠.

종합예술을 몸소 실천하느라 제가 적극적으로 말을 붙였는데도 받
아주질 않아 얼굴이 빨개지거나, 맞지 않는 문맥에 끼워 말하는 바람
에 이상한 표현이 되는 일도 있었습니다. 그래도 8할의 경우는 노력
할 가치가 있는 재미를 맛보게 됩니다. 이러다 보니 어디를 가든 표
현 하나씩은 건졌고 할 수 있는 말이 점점 더 풍성해졌어요. 하루에
도 일부러 내지르는 표현이 많다 보니 두 달이 결코 짧은 시간이 아
니었답니다. 스피킹은 되지만 실력이 정체되어 있는 것 같다면 좀 더
적극적으로 나서볼 것을 추천합니다. 현지에서 영어 실력을 더 늘리
려면 자만하거나 안주하지 말고 꾸준한 시도를 해야 한답니다.

한국인이 성공하는 영어 스피킹은 따로 있다

06

우물 밖
행복한 개구리가 되다

미국에서 보낸 두 달은 살면서 가장 느리게 간 시간이었습니다. 매일 새로운 장소에서 난생처음 보는 외국 친구들에게 색다른 사고방식을 배웠습니다. 하루를 열흘처럼 보내다 보니, 계획대로 2년어치는 뽑은 것 같았죠.

미국에 오기 전까지는 등수에 따라 제 가치가 매겨지는 줄 알았습니다. 그런데 미국에선 등수가 별로 의미가 없었다는 게 가장 기억에 남아요. 제가 하버드가 제일 좋은 대학교라는 말을 할 때마다 외국친구들은 왜 제일 좋냐는 겁니다. 그래서 세계 대학 서열 1위가 아니냐 하면 그런 순위도 있었냐면서 학과에서 가르치는 비전이 자기랑 맞아 온 것일 뿐 서열이 무슨 상관이냐는 대답을 듣곤 했죠. 버클리 친구에게 한국에선 버클리 음대 출신을 최고로 쳐준다고 얘기를 하자

도대체 무엇을 쳐준다는 거냐며 의아해했어요. 보스턴에서 다니던 어학원의 미국인 강사님께서는 이런 질문을 하시기도 했습니다.

"Is your culture achievement-based or ascriptive-based?"
_너네는 경력을 중시해, 출신을 중시해?

미국에선 이력서를 낼 때 출신이나 나이, 성별을 적지 않는다고 합니다. 스펙보다는 그 사람이 지금까지 해온 경력을 보기 때문에 자기만의 독특한 경험이 더 중요하다고 해요. 나이 정도는 적어야 그 사람을 알 수 있지 않겠냐고 물어보니 오히려 차별에 대한 법적 소송을 받을 수 있다고 하더라고요. 겉모습으로 사람을 평가하지 않고, 내면의 경험을 바라보는 새로운 관점을 느꼈습니다.

한국에서는 지레 열등감을 느낄 때가 많았습니다. 미국에 가면 영어를 완벽히 못하는 외국인은 무시당할 거라는 말도 많이 들었어요. 그런데 첫날 길을 못 찾아서 미국인에게 지도를 보여주며 물어봤는데, 본인은 글을 못 읽어서 알려줄 수가 없어 미안하다고 했습니다. 한 번도 생각해보지 못한 상황이라 당황했죠. 자격지심은 미리 내가 만들어놓은 게 아니었을까요? 세계에 나가면 백인우월주의 때문에 차별을 당하지 않을까도 걱정했습니다. 그런데 막상 미국 친구는 본인들은 유럽에 비해 역사가 길지 않아 가볍고 정통이 없다는 자격지심이 있다고 했죠. 미국인들도 본인이 차별을 당하지 않을까 하는 두려움이 있는 거죠. 사람은 다 똑같더라고요.

반대로 우월감은 내가 평가하는 기준 때문인 듯 했습니다. 그런데 다른 세상에 와보니 그 평가 기준이랄 게 이곳에서는 적용되지 않았습니다. 지금은 한국도 많이 나아졌지만 당시 미혼모라는 얘기를 쉽게 못했습니다. 홈스테이에 갓난아이가 있었는데 식구가 워낙 많아 누구의 딸인지 몰라 물어봤습니다. 그런데 모두가 아무렇지 않게 웃으면서 홈스테이 마미의 첫째 딸이 미혼모인데 전 남자친구의 아이라고 말했죠. 굳이 알리지 않아도 되는데 쉬쉬거리거나 포장하지 않고 있는 그대로 인정하는 모습이 좋아보였습니다. 열등감도 우월감도 어느 한곳의 기준일 뿐이라는 걸 실감했습니다.

한국으로 돌아갈 시간이 되자 보스톤 첼시마켓 펍에서 친해졌던 한국, 미국, 다른 외국인 친구들이 모두 모여 작별 파티를 하는데 눈물이 왈칵 쏟아지고 말았습니다. 친구의 마지막 인사말이 떠오르네요.

"You will be missed but never forgotten."

_사람들은 너를 그리워하겠지만 너를 잊진 않을 거야.

스타트업 친구들과는 온라인으로 연락하기로 하고 저는 한국 유학원에 가서 우리가 만든 영어 교육 프로그램을 홍보하기로 했습니다. 한국에 돌아와 제 모습을 본 사람들은 180도 달라졌다며 어쩜 그리 행복해 보이냐고 말했습니다. 이 시기를 생각하면 영어 강사 출신으로 중국 최대 상거래 업체인 알리바바 CEO가 된 마윈의 강연 한 대목이 떠오릅니다.

When I was 12 years old, I got interested in learning English. I rode my bike every morning, rain or snow, for eight years to a hotel near Hangzhou. China was opening up, and a lot of foreign tourists went there. Those eight years deeply changed me. I started to become more globalized than most Chinese. What I learned from my teachers and books was different from what the foreign visitors told us. - Ma Yun

_저는 12살 때 영어 공부에 흥미를 갖게 되었어요. 매일 아침 비가 오나 눈이 오나 8년간 항저우의 호텔로 자전거를 타고 갔죠. 중국이 문호를 열었던 때라 많은 외국인을 만날 수 있었는데 그 8년이 저를 완전히 바꿔놓았습니다. 저는 다른 중국인들에 비해 훨씬 더 글로벌해질 수 있었죠. 제 귀로 직접 듣고 보니, 그간 수업과 책에서 배운 것과는 완전 다른 세상이더라고요. – 마윈

세상은 넓고 정답은 없습니다. 깜깜한 우물이 세상의 전부인 줄 아는 개구리는 불행합니다. 영어 공부 왜 하세요? 영어 안 해도 잘 살 수 있는 직업 많잖아요? 제게 물어본다면 이렇게 답하고 싶습니다. 제가 영어를 공부하는 이유는 '더 행복해지기 위해서'입니다. 영어를 하고서야 남들이 떠드는 말이 아니라, 제 귀로 직접 듣고 대화하며 드넓은 세상을 알게 되었고 진정한 행복을 맛보았습니다. 우리가 언제 가장 불행한가요? 바로 한 가지 생각에 사로잡혀 있을 때라고 저는 생각합니다. 단점에 집착하면 그것밖에 안 보이고 못나 보이죠. 큰 세계를 보고나면 내가 절절매는 것들은 참 작고 아무것도 아니었고 세상에는 훨씬 더 다양한 생각과 문화가 있다는 것을 깨닫게 됩니다. 우물 밖으로 나온 개구리는 행복한 개구리입니다. 시험 점수만을 위해 영어 공부하지 마세요. 여러분도 더 행복해지기 위해서 영어 공부하시길 바랍니다.

남들 다 한다니까, 유학원 말만 믿고, 준비 없이 가는 어학연수라면 생각만큼 실력이 늘지 않을 확률이 높습니다. 이미 다녀온 연수에서 득을 못 본 경우라면 다음에 떠나는 어학연수는 짧은 시간으로 계획하고 성공 확률을 높이면 됩니다. 한 번 해본 게 결코 어디 가지 않으니 무조건 처음 가는 사람보다는 더 빨리 적응하고 성공하게 되어 있습니다. 어학연수를 처음 가는 사람들은 걱정거리가 많잖아요. 영어 공부를 미리 하고, 철저히 준비하고 가면 대학생은 방학 중, 회사원은 이직 사이 떠나는 두 달 장기 여행만으로도 알찬 시간을 보낼 수 있습니다. 그 이상의 기간이라면 말할 것도 없겠죠.

하지만 영어 공부, 특히 언어 감각에 대한 밑작업은 반드시 연수를 떠

한국인이 성공하는 영어 스피킹은 따로 있다

나기 전에 이루어져야 합니다. 영어 소리와 문장에 대한 습득력이 없다면, 아무리 해외에 오래 있어도 생각보다 많이 늘지 않을 뿐더러 이걸 해외에 나가서 늘리는 것도 쉬운 일이 아닙니다. **한국식 소리와 사고방식을 영어식으로 바꿔야 하는데 원어민들이 그런 차이를 알려줄 리가 만무하죠.**

친구가 미국에서 R발음을 교정하고 싶어 원어민 친구에게 카페에서 배운 적이 있었답니다. 너무나 친절했던 미국인 친구는 계속 "R~ R~"하며 따라 하라 했고, 제 친구는 무한 반복으로 한 시간 동안 따라 했지만 결국은 포기했다고 해요. 제가 보통 한국인이 R을 발음할 때 습관적으로 하는 혀의 모양과 원어민이 하는 혀 모양의 차이를 알려주니 바로 그 자리에서 교정돼 좋아했던 생각이 납니다. 제 능력이 대단했던 것이 아니라 저도 예전에 똑같이 한국식으로 발음했기 때문에 어떻게 교정하면 되는지 방법을 정확하게 알려줄 수 있었던 거죠.

영어식 문장과 사고도 마찬가지입니다. "큰일 났어!"를 영어로 뭐라고 할까요? 앞장에서 배운 대로 우리는 주어를 빼고 동사로 말을 합니다. 여기서는 꼭 주어가 '큰일' 같죠? Big event happened? 설마 아니겠죠? 누가 큰일 났나요? 내가 큰일 났죠.

"I'm in trouble."_큰일 났어!

명사식 사고인 영어에서는 주어인 I가 명사 trouble 안에 있다고 하고 쉬운 be동사로 말하고 있네요. 회화 책 어디선가 이 표현을 본 적 있지 않나요? 그전에는 아무리 외워도 내가 큰일 났다고 말하고 싶을 때 동사를 중시하는 한국어 간섭 현상 때문에 이 표현이 생각나지 않았습니다. 우리나라는 동사가 다양해서 '난처한 상황이야' '곤란해졌어' 심지어 '혼났어', '싫은 소리 좀 들었어'라고도 할 수 있습니다. 76쪽에서 배웠던 것처럼 영어는 쉬운 동사로 말한다는 것 꼭 기억하세요! 제가 강사로 일할 때 안 좋은 일이 생기면 한국인 선생님들은 동사를 다양하게 쓰면서 "뭐 큰일 생겼어?" "무슨 일 있었어?" "혼난 일 있어?" "안 좋은 일 있어?"라고 한 반면, 원어민 선생님들은 하나같이 쉬운 be동사를 써서 "Were you in trouble?"이라고 했던 기억이 납니다. 이렇게 원어민 선생님들은 영어로 자연스러운 표현은 알아도 한국인들에게 왜 그 전환이 쉽지 않은지, 어떤 영어 표현으로 한국어의 다양한 동사를 담을 수 있는지 알려주지는 못합니다.

그러니 해외로 나가기 전 6개월~1년 전부터 영어식 감각을 키우는 공부를 무조건 해야 합니다. 물론 평소 발음도 쉽게 따라 하고 문장 외우는 것도 어렵지 않은 사람이라면 언제 떠나든 승산이 있습니다.

한국인이 성공하는 영어 스피킹은 따로 있다

그럼에도 한번 점검해보는 것은 나쁘지 않죠.

제 수강생 중에서는 해외 취업, 유학, 이민 등을 앞두고 수업을 들으신 분들이 많았어요. 한 분은 미국에 와보니 소리 감각이 제일 중요하다며 더 열심히 공부하고 오지 못한 게 아쉽다는 연락을 주기도 하셨어요. 반대로 이미 호주에서 몇 년째 사시면서 랭귀지 스쿨도 듣고 원어민 개인 과외도 받아봤는데 잘 늘지 않아 고민하셨던 분도 있었습니다. 그 답을 오히려 한국에서 찾았고 문법 감각을 키우시고는 원어민들이 왜 그렇게 말하는지 이해가 된다며, 이제 어떻게 공부해야 할지 알겠다고 하셨죠. 호주로 돌아가신지 몇 개월 후 자신감이 늘어서 밖에 나가는 게 너무 좋다는 연락도 주셨습니다. 한국인 맞춤형 영어 공부는 이미 한국에서도 할 수 있습니다. 해외 생활은 공부가 아니라 실전이에요.

그다음으로 준비해야 하는 것은 지역과 생활적인 부분입니다. 미국에서 만난 한국 친구들은 모두 홈스테이와 숙소에 대해 불만이 많았습니다. 미리 구체적인 조건을 알아보고 온 사람은 저밖에 없다는 사실에 놀랐어요. 유학원에서 알아서 해주겠거니 했는데 홈스테이 집에 대화할 사람이 없다고 토로했습니다.

많이 알아보고 계획해서 반드시 내 또래와 내 직업군이 많은 지역으로 가야 합니다. 대학생이라면 캠퍼스 시티로 가야 할 것이고 30대 직장인이라면 그 직업군이 많은 지역으로 가야겠죠. 뮤지컬을 공부하는 사람은 뉴욕으로 영화를 공부하는 사람은 할리우드 캘리포니아 지역으로 떠나고요. 아이를 키우는 40~50대라면 주부들이 많은 지역을 찾아봐야 할 것이고 은퇴 후 떠나는 연수라면 은퇴한 연령대의 사람들이 많은 곳을 찾아봐야 할 것입니다.

유학원에도 적극적으로 물어보고 시간을 들여 찾아보세요. 또 도심지의 홈스테이라고 덜컥 신청할 것이 아니라 가족은 몇 명인지 주위에 이웃들은 많은지 반드시 알아보는 게 좋습니다. 대학생이라면 학생 기숙사를 찾아보고, 자녀와 같이 간다면 외국인들이 많이 모여 사는 아파트도 찾아보면 좋겠죠.

마지막으로 필요한 것은 **두 달 동안 내가 말할 표현을 미리 계획해가는 것입니다.** 집에 굴러다니는 회화 책도 좋고 영화 스크립트 한 편도 좋습니다. 이 한 권의 표현을 두 달간 일부러 말해본다면 책 한 권을 말할 수 있게 되는 거죠. 물론 그 표현들을 스피킹 문법에 대입해 다르게 응용해서 말할 수 있어야 하고 발음이나 악센트도 자신 있게 할 수 있어야겠죠. 해외엔 이 한 권만 들고 가서 매일 10문장씩 상황에 끼워서 말하면 되니 오늘은 무슨 말을 할까 궁리하는 재미가 있습니다. 또 외국 친구들의 반응을 들으면서 더 많은 표현도 배울 수 있습니다.

전 앞서 말했듯이 기회만 있다면 영국, 호주, 캐나다 등 다른 영어권 나라에서도 두 달씩 살아보고픈 계획이 있습니다. 여러분도 나중에 기회가 생겨 두 달간 해외로 떠날 수 있다고 상상한다면 그 설렘 때문에라도 오늘부터 열심히 영어 공부하시지 않을까 싶어요.

Chapter 5

나도 글로벌 환경에서
일할 수 있을까?

01

유학파들 사이에서
살아남기

저는 매월마다 모든 수강생의 단기 목표와 최종 목표를 엑셀 파일에 정리합니다. 그중 하나가 기억나는데요.

- **단기 목표:** 해외에서 걸려온 전화 끊지 말고 대응하기(3~4개월 후)
- **최종 목표:** 해외마케팅 부서나 외국계회사로 이동하기(1~2년 후)

화장품 회사에서 일하는 분이었는데 전화너머 영어가 들려오면 아무 말 못하고 끊어버리기 일쑤라 하셨어요. 공부를 시작하고 정확히 3개월 후, 해외담당이 자리를 비웠을 때 걸려온 전화에 자신 있게 응대하는데 성공하셨습니다. 작은 성공에 기뻐해야 그다음 목표도 달성할 수 있습니다. 이제 그 동료의 자리를 꿰차보라는 농담을 드리기도 했죠. 최근 SNS에서 해외 출장 중이신 것을 보고 연락드렸더니 외국계 화장품회사 상품기획팀에서 근무하게 되셨다는 걸 알게 되었습니다. 소리 감각을 키우고 나선 동료들도 본인의 리스닝을 부러워한다 하셨고, 영어를 더 잘하게 되면 해외브랜드를 수입 유통하는 개인 사업도 하고 싶다 하셨어요.

이렇게 단기 목표와 중기 목표를 이뤄 영어 환경에 들어간 사람도 초반에는 엄청난 심리적 부담을 느낍니다. 전보다 영어를 더 잘하게 되었지만 내 주변이 유학파나 잘하는 사람들로 포진되어 있으면 위축될 수밖에 없어요. 보통 일보다 사람이 힘들다고 하니까요.

미국에서 2개월 연수를 마치고 돌아온 저는 영어를 완성하려면 갈 길이 멀다고 스스로 생각했기에 영어를 계속 쓸 수 있는 직업을 구하고 싶었습니다. 당시 60퍼센트 정도 온 것 같았는데 외국인의 최대치인 90퍼센트까지 가고 싶었어요. 제가 고른 첫 번째 영어환경은 사립 국제 학교 어학원이었습니다. 가르치는 일에 재능을 느꼈기 때문에 자신 있게 도전했지만, 들어가기도 전에 면접부터 고배를 맛보았습니다. 90퍼센트의 교포 수준을 원하는 곳도 있어 보기 좋게 탈락하기도 했죠. **영어를 전보다 잘해도 좌절할 상황은 얼마든지 많다는 것을 염두에 두고 나의 기준을 외부에 두지 않는 것이 필요합니다.** 그렇다고 해서 지금까지 내가 해온 게 다 소용없는 것은 아니거든요.

연봉과 한국어 실력 등을 고려해 내 수준만큼을 원하는 곳도 많죠. 저도 금방 찾아냈어요.

언어 감각 키우기는 영어 환경에 들어갈 수 있도록 도와줍니다. 토익이나 스피킹 시험도 결국 입사 전 영어 언어 감각이 있느냐를 파악하는 겁니다. 따로 토익 공부를 안했는데도 소리 감각을 키운 덕분에 토익 LC가 올랐다, 스피킹 문법 덕분에 토익 독해도 잘하게 됐다는 얘기를 들은 적도 있습니다. 하지만 감각이 곧 완성은 아니기에 아직 걱정이 남아 있기 마련입니다. 영어를 사용하는 직장에 합격하면 출근하는 것만으로도 영어 실력을 쉽게 늘릴 기회가 되지만, 초반에는 내 영어 실수가 회사에서 문제가 되지는 않을까 고민되기도 합니다. 외국인들과도 일하게 될 텐데 내가 틀린 영어라도 써서 무시당하지 않을까 겁이 나기도 하죠. 하지만 이 두 가지를 반드시 기억하세요.

1. 누군가가 내 영어를 무시한다면, 무시하는 그 사람이 나쁜 사람이다.
2. 나는 남들보다 두 배로 준비하고 노력할 것이다.

어떤 경우에도 사람을 무시해서는 안 될 노릇이죠. 누군가 잘 몰라서 따로 질문을 하면 더 많이 알고 있는 사람이 친절하게 답변하는 것이 당연합니다. 우리는 가끔 영어 사대주의에 빠진 나머지 그런 생각을 잘 못합니다. 또한 내가 아직 부족하다면 남들보다 두 배로 준비하고 노력하면 됩니다. 영어와 업무 실력이 함께 성장하기 때문에 장기적으로는 무조건 플러스입니다.

저는 남들보다 몇 배 더 노력하겠다는 각오로 밤도 지새우고 주말에도 쉬지 않고 수업 준비를 했던 기억이 납니다. 그런 업무 태도가 몸에 배어 나중에는 모든 일이 두 배로 빨라졌고 이직하자 제 후임으로 두 명을 뽑더라고요. 영어도 같은 기간 두 배로 늘었고, 연봉과 경험치는 훨씬 더 큰 폭으로 늘었죠. 갑자기 해외 로밍 부서로 이동해 영어가 부담된다는 동생에게 이 이야기를 해줬더니 나름 자신감을 얻은 표정이었습니다. 남들 눈치 보지 말고 내 목표에 집중한다면 모든 환경이 다 성장의 밑거름이 됩니다.

02

두근두근
미국인들과 첫 회의

저의 첫 영어 환경이었던 국제학교 어학원은 원어민 선생님들이 직접 미국 교과서로 수업하는 곳이었습니다. 교육과정대로 가르쳐서 미국에서도 초등 학사과정으로 인정해주는 곳이었죠. 남들보다 두 배로, 어찌나 열심히 했던지 3개월 후 교수 과장으로 진급하게 되었습니다. 교수 과장의 주요 업무는 원어민 선생님 관리였어요. 남녀 2명, 총 4명의 미국인 선생님이 있었는데 '국영수사과'처럼 'Story Town(문학), Language Art(영어), Math(수학), Social Studies(사회), Science(과학)' 다섯 과목 중 한 과목씩 맡으셨고, 나머지 한 과목은 이중언어 구사자인 교포 선생님이 맡았죠. 월요일마다 원어민 교사들과 회의가 있었습니다.

한국인이 성공하는 영어 스피킹은 따로 있다

두근두근 첫 회의 날이 왔고 울렁거리며 시작했지만 이내 적응할 수 있었습니다. 알아듣게 발음하고 원어민 동료들의 문장을 듣는 대로 따라 말할 수 있는 소리 감각과 문법 감각은 저를 굳건히 지켜주는 힘이 되었습니다. 중간중간 영어가 틀려도 상관없습니다. 원어민 동료들이 제가 말하려던 것을 되물으며 저절로 정확한 표현을 알려주니까요. 들리는 대로 따라 외우고 다음부터 그렇게 쓰면 되는 것이었습니다. 근무 환경이나 학생들에 대한 안건은 이미 알고 있는 업무 내용이라 영어로 진행하는 것이 무리가 없었습니다. 제가 회의를 주관하는 사람이다 보니 주로 들으면서 정리를 했고 무난하게 첫 영어 회의를 마칠 수 있었습니다.

누구나 첫 영어 업무는 떨리는 법입니다. 당장 눈앞의 상황보다 6개월~1년 후를 생각하며 조금 더 장기적으로 본다면 다 극복할 수 있습니다. 입사 후 영어 메일 업무가 생긴 분이 계셨습니다. 처음엔 다섯 줄도 안 되는 문장을 쓰는데 30분, 어떨 때 2시간씩 걸리는 바람에 사비까지 털어 외부에 맡겨야 했습니다. **그런데 스피킹 문법을 공부한지 7개월 후 소름이 돋았다고 하셨어요. 실시간 영어 메일을 주고받을 일이 생겼는데 하고 싶은 말을 바로바로 영어로 쓰고 있는 본인을 발견해서요.** 영어식 사고방식이 머릿속에 꽂혀 있으니, 기본 동사 뉘앙스와 문장구조가 한 덩어리로 뭉쳐져 적재적소에 적용된다면서 이제는 메일을 쓰는데 5분도 안 걸린다고 자랑하기도 하셨죠.

첫 미팅이 가장 떨렸다는 분도 계셨습니다. 긴장한 탓인지 아는 내용도 알아듣지 못하고 있는데 갑자기 의견을 물어보는 바람에 당황했다고 하셨죠. 그다음부터는 사전 미팅 내용에 따라 예상되는 단어나 문장을 생각하고 들어갔다고 하세요. 어느 정도 긴장이 풀리니 소리 감각과 문법 감각으로 배운 것들이 귀에 쏙쏙 들어왔다고 하셨습니다. 몇 개월이 지난 후 이젠 어떤 문장을 들어도 이해가 빨리 된다고요.

회사 첫 해외박람회 때는 장황한 단어로 설명하느라 자신감이 떨어졌는데 쉬운 동사로 말하는 영어식 사고를 익힌 덕에 요령이 생겼다는 분도 계셨어요. 시간이 갈수록 영어 번역기를 돌리지 않을 수 있었고 콩글리쉬도 졸업할 수 있었다고 합니다. 이제는 해외 시장조사를 할 때도 궁금한 것이 생기면 즉각 질문하고 또 답변할 수 있게 되셨죠.

해외 부서로 이동하자마자 해외파 동료의 발음이 나와 너무 달라 기가 죽었다는 분도 있었습니다. 간단한 단어도 내가 생각한 발음과 너무 다르게 들리고 따라 할 수 없다 보니 내가 이 친구들과 계속 일할 수 있을까 노심초사하게 되었다고 합니다. 어릴 때도 교정 못한 발음이라 포기해야 하나 하던 찰나 한국식 발음과 영어식 발음의 차이를 배울 수 있는 '소리 감각 키우기'를 접하게 되었고, 발음도 체계적

한국인이 성공하는 영어 스피킹은 따로 있다

으로 공부할 수 있다는 사실에 감사하다고 하셨죠. 앞으로 해외 제휴 팀에 도전하고 싶다 하셨어요.

이렇게 업무 영어에 어느 정도 자신이 생기면 남은 것은 문화적인 부분입니다. 저도 마지막까지 걱정했던 부분이지만 지내보니 그런 건 어디서든 한두 번만 경험하면 되더라고요. 처음이 낯설지 경험만 하면 두 번째에는 나도 이미 그 문화를 알고 있는 사람이 되는 겁니다. 국제 학교에서는 할로윈 파티를 정말 크게 했는데 그게 살면서 처음으로 겪은 할로윈이었습니다. 요즘에는 이태원에서도 얼마든지 경험할 수 있는 잘 알려진 문화지만 당시만 해도 접해본 사람이 많지 않았습니다. 원어민 선생님이 미국인 어린이라면 누구나 알고 있는 트릭 올 트리트(trick or treat) 노래를 알려줬고, 호박으로 만든 장식용 등인 잭오랜턴(jack-o-lantern)을 파는 모습을 보여줬죠. 처음엔 생소해서 조금 겉돌았지만 그 다음해부터 제가 더 신나서 다른 선생님들보다 더 적극적으로 문화를 즐겼던 생각이 납니다. 그 후 원어민들이 쓰는 감탄사나 속담, 미신, 슬랭, 신조어 등 크고 작은 문화적인 부분을 경험으로 익혔고 나중에는 새로 오신 국내파 선생님께 알려주기도 했습니다. 문화적인 경험이 부족해서 좌절을 느낄 때마다 스스로에게 되뇌었어요.

'나는 여기 영어를 하러 온 게 아니야. 일하러 온 거지.'

나의 업무 경험이 더 중요하지 영어를 그 위에 둘 필요는 없습니다. 게다가 1년 후면 차곡차곡 쌓인 경험으로 영어는 더 잘할 자신이 있었습니다. 새로운 문화는 그 영어 기반 위에서 즐기고 배우면 되는 것이죠. 영어권 문화를 몰라서 걱정하는 대신 그 문화를 접할 생각에 기대된다는 마음가짐이라면 언제 어디서든 어색하지 않게 즐기실 수 있을 거예요.

이제 필요한 건
나만의 영단어

국제학교에서 원어민들과 생활하면서 제 영어 공부의 마지막 관문이라 할 수 있는 세 번째 난관에 부딪히게 됩니다. 그전까지는 어떤 대상이 영어로 뭔지 모르면 대충 돌려 말하는 경우가 많았는데 어느 순간 그게 너무 답답하더라고요.

회의를 하는데 원어민 여자 선생님 한 분이 바닥을 가리키며 소리를 질렀어요. 자그마한 노란색 지네가 기어 다니는 겁니다.

"Oh boy! Look at that! Is that a…? I've never seen anything like it before."_엄마야, 저거 봐봐 저거 지네야? 나 이런 거 생전 처음 봐.

선생님들이 계속 "센터핏! 센터핏!"하고 외치는데 저는 그때 이 단어를 처음 들었습니다. 대충 들리는 대로 사전을 찾아보니 영어로 'centipede'였습니다. 'centi-'는 century처럼 100개란 뜻이고 '-pede'는 pedal 페달 즉 발과 관련된 단어죠. 간단한 어휘였지만 수능 대비 영단어에서도 암기한 적이 없었어요. 입시 때 회화에서 안 쓰는 어려운 단어를 잔뜩 외웠지만 정작 내 주변에 있는 일상 단어들은 모르는 게 많았습니다.

하루는 복도에 있는 정수기 위에 업무일지를 올려놓은 것 같다고 원어민 선생님께 말을 하려는데, 정수기가 영어로 뭔지 모르겠는 겁니다. 그래서 물어봤습니다.

"Hey, can you tell me what this is?"_이게 뭔지 좀 말해주실래요?

"You mean, the water purifier?"_정수기 말이에요?

"Yes, I know what it is, of course, but I wondered how to say it in English."_네, 이게 뭔지는 아는데 영어로 뭐라 하는지 몰라서 물어봤어요.

'in English'를 빼먹고 물어보았더니 아이가 태어나 처음 본 물건을 엄마에게 뭐냐고 묻는 듯한 뉘앙스가 됐습니다. 영어 단어를 몰라서 물어봤다고 하니 원어민 선생님이 언제든지 물어보라고 했죠. 그

한국인이 성공하는 영어 스피킹은 따로 있다

때 우리가 당연히 스피킹을 못할 수밖에 없구나 싶었습니다. 입시에 초점이 맞춰져 있는 학술적인 단어들을 외우고 정작 내 주변에 있는 단어는 말할 수 없다면요. 일상 어휘의 부족을 실감한 적이 또 한 번 있었습니다. 학생 한 명이 다쳐서 눈 주위의 상처를 닦을 면봉이 필요했습니다. 해외 호텔방 면봉 통에서 봤던 것도 같은데 도무지 떠오르지 않았습니다. 면봉은 영어로 cotton swab라고 합니다. cotton은 면이고 swab은 닦는다는 뜻이죠.

그때부터 당장 궁금한 것은 모조리 영어로 찾아봤습니다. 그렇게 하니 매분 매초마다 영어공부가 되더라고요. 당장 필요한 영단어만 알아도 문장은 쉽게 완성됩니다. 예를 들어서 여행 중 병원에 갔다고 생각해봅시다. 아래 상황을 영어로 말해볼까요?

속이 메스꺼워요.　　　　　　　　_____

빈혈이 있는지 어지러워요.　　　　_____

뭘 잘못 먹었는지 설사를 했어요.　_____

동사에 현혹되면 안 됩니다. 앞에서 배운 대로 주어를 빨리 잡고 쉬운 동사로 말해야 해요. 이렇게요.

속이 메스꺼워요. = I have 메스꺼움.

빈혈이 있는지 어지러워요. = I have 빈혈.

뭘 잘못 먹었는지 설사를 했어요. = I have 설사.

메스꺼움은 nausea, 빈혈은 anemia, 설사는 diarrhea입니다. 눈으로 보는 것은 소용이 없죠. 새로운 단어도 한두 번 듣고 바로 따라 발음할 수 있는 소리 감각이 있어야하고 다른 문장에서 써먹을 수도 있어야 합니다. **이렇듯 어휘력을 늘리는 것도 소리 감각과 문법 감각이 기본입니다.**

영어 공부를 오래 해도 초급을 못 벗어나고 있다면, 강사나 영화가 알려주는 단어와 표현만 외우기 때문입니다. 다른 사람으로부터 오는 것들이라 외우고 외워도 항상 부족하고 만년 초보 느낌이죠. 중급회화부터는 내가 만든 문장에 내가 평소에 궁금했던 단어를 넣어서 말해야 합니다. **특히 본인의 업무와 관련된 '나만의 단어'를 쌓아야 합니다.** 수강생 중에 영어유치부 영어 강사가 목표이신 분이 계셨습니다. 합격의 기쁨도 찰나 이제 뭘 해야 할지 모르겠다는 말에 아이들 교재를 참고하면서 일할 때 맞닥뜨리는 모든 단어를 익히라고 말씀드렸어요. 경찰 영어 시험을 보고 싶지만 뭘 준비해야 할지 모르겠다는 분이 계셨는데 경찰 영어라고 다른 게 아닙니다. 소리와 문장은 똑같습니다. 다만 나만의 영단어가 경찰 업무 관련일 뿐이죠.

저는 궁금한 어휘를 찾는 대로 스마트폰 단어장에 저장해두고, 집에
와서 다시 노트에 적으며 정리했습니다. 사전이 틀린 경우도 있기 때
문에 원어민 동료들에게도 꼭 물어봤죠. '나만의 사전'에 정리하는
단어는 크게 세 가지 종류였어요.

첫째는 '내가 말하고 싶은 단어'였습니다. 회식(staff dinner)을 하면 영
어로 그건 뭘까, 찜닭(braised chicken)을 먹으면서도, 지나가며 단독주
택(detached house)을 봐도 궁금해하며 찾아봤죠. 그리고 반드시 입으로
기억해둡니다. 이때 미리 발음 공부를 해둔 게 너무나 도움이 되었습
니다. 스펠링이 조금 헷갈려도 자신 있게 말할 수 있으면 되거든요.
눈앞에 보이는 생소한 단어도 무조건 찾아서 정리했습니다. 지하철
에서 'Warning: Evacuate this area if fire alarm sounds.(주의: 알람이 울리
면 대피하세요.)'라는 문구를 보면 evacuate(대피시키다) 같은 단어를 찾
아 정리했죠. 영단어 책을 보고 외우는 것보다 내가 어디선가 봤고
궁금해했던 단어를 익히는 것이 훨씬 재미있고 기억에 잘 남는 방법
입니다. 시중의 영단어 책은 결국 저자의 '나만의 영단어'에 불과한
셈입니다.

마지막으로 정리한 것은 표현입니다. 제가 추위를 잘 타는데 영어로
뭘까 찾아보니 'I get cold easily.'라는 phrase가 있었습니다. 다 아는

단어이지만 몰라서 말을 못하는 경우가 많으니 나와 관련된 표현들도 궁금할 때마다 찾아서 정리했죠.

영화나 책을 수동적으로 암기하던 것에서 벗어나, 적극적인 호기심이 생기면 중고급 스피킹 레벨로 넘어가게 됩니다. 이렇게 익히는 단어들은 내 삶과 함께 성장합니다. 절대로 책상에 앉아 한국어와 영단어를 일대일로 암기해서는 채워질 수 없는 부분입니다. 해외파나 유학파 분들은 살면서 이런 경험을 모두 거쳤습니다. 그전에는 외국에서 살다와 영어를 잘하게 된 것을 거저 얻은 것이라고 오해하기도 했습니다. 하지만 생존을 위해 다양한 어휘와 표현을 맞닥뜨리고 궁금해하면서 쌓아온 그 오랜 경험을 가볍게 치부할 수는 없죠. 저는 영어 공부야 말로 삶 속에서 나를 풍성하게 발전시킬 수 있는 진정한 자기계발이라고 생각합니다. 그냥 지나치지 않고 궁금해하고 들여다볼수록 더욱 풍부한 어휘력과 경험치를 갖게 되지요.

새우등 터지는
통역의 추억

아이 생활지도를 담당하는 선생님들은 한국인 선생님들이어서 원어민 선생님과의 대화에서 통역할 일이 많았습니다. 전 '영어를 못한다'가 아니라 '영어를 안 한다'라는 표현을 좋아합니다만, 우리나라에서는 주로 이렇게 많이 물어봅니다.

Can you speak English? _영어 할 줄 아세요? (or 못하세요?)

해외에서는 이 문장을 많이 씁니다.

Do you speak English? _영어를 하세요? (or 안하세요?)

선생님 한 분을 보고 누가 "Can't she speak English?(그 선생님은 영어를 못하세요?)"라고 물었습니다. 문법적으로는 "No, she can't."가 맞지만 저는 그때 일부러 "No, she doesn't.(그분은 영어 안 하세요.)"라고 답했어요. 실제로 그 선생님은 영어에 큰 관심이 없고 아이들 생활지도를 기가 막히게 잘하는 분이었어요. 이럴 경우 못하는 것이 아니라 안 하는 거죠. 우리가 영어를 잘하게 되면 안 하는 분들을 서포트하면 됩니다. 저는 다른 한국인 선생님만큼 생활지도나 관리를 못했고 영어와 강의가 주 업무였지만 학원이 원활하게 운영되도록 하는 것도 제 일이라 생각했기 때문에 선생님들 간의 의사소통 또한 도우려 노력했습니다.

원어민 선생님을 병원이나 약국에 데려가서 통역하는 것은 아주 짜릿한 일이었습니다. 이비인후과 의사(ENT doctor)라든가 성대 결절(vocal cord nodules) 등 미리 알아본 나만의 영단어가 저를 살려주었고 상황 속에서 바로 알게 되는 경우도 많았습니다. 통역하면서 결막염(eye inflammation)같이 모르는 단어가 나오면 당황하기도 했지만 일단 돌려서 설명하고 다음번에는 꼭 써보려고 했습니다. 물론 어려운 단어는 한 번에 말하기 어려웠습니다. 분명 일곱 번씩 발음하면서 연습했는데도 목에서 나오질 않아 짜증이 난 적도 많았죠. 그러다가도 계속해서 연습하다 보면 어느 순간 사르르 스며들어 제가 말할 수 있는 단어가 되곤 했습니다.

통역이 항상 순탄치만은 않았습니다. '고래 싸움에 새우 등 터진다'
는 속담이 이런 거구나 싶을 때도 많았죠. 한번은 원장님과 원어민
선생님이 계약 문제로 언성이 높아진 적이 있었는데 오가는 말을 그
대로 옮기면 서로의 화를 돋울 것이 불 보듯 뻔했어요. 빨리 통역해
달라고 다그치는 바람에 사이에서 곤혹을 치른 적이 있습니다. 제3
자로 양쪽 감정을 통역하는 것은 정말 고역이었죠.

지인의 부탁으로 수출용 팜플렛을 번역한 적도 있었습니다. 한국 제
품을 알리는 일이라 의미도 있었고 어느 단어를 선택해 번역할까 고
민하는 것도 재미있었습니다. 하지만 정해진 기간 내에 다량의 문서
를 번역하는 것은 영어가 아니라 엉덩이의 힘이었습니다. 주말에도
하루 종일 컴퓨터와 씨름해야 했고 해외 바이어들이 빨리 보고 싶어
한다는 말에 마감 압박이 이만저만이 아니었습니다. 몇 달간의 피 말
리는 밤샘 작업 끝에 만족스러운 결과물이 나왔지만, 왠지 다시는 이
일을 못 할 것 같았습니다. 저는 통번역보다 강의하는 일이 훨씬 잘
맞았던 것이죠.

영어 이전에 내가 잘할 수 있는 업무가 무엇인지 먼저 파악하는 게 중
요합니다. 그게 영어와 결합되면 엄청난 기회가 생깁니다. 저는 딱히
잘하는 게 없었지만 말하는 것에는 자신이 있어서 프리젠테이션을

도맡곤 했습니다. 말을 잘한다고 취직이 되는 건 아니었지만 영어와 결합되자 결국 영어로 강의하는 일을 하게 되었죠. 수강생 중에는 의외로 다른 언어 통번역사분들이 많았습니다. 통번역 업무에 자신이 있었지만 영어를 해야 훨씬 기회가 많기 때문에 따로 공부하는 분들이 많으세요. 중국어 통번역사 한분이 문법 감각 공부 후 영어 번역 자격증을 따기도 하셨습니다. 최근 연락을 드려보니 글로벌 스타트업에 취업해 외국인들 사이에서 혼자 통번역을 도맡아 한다고 하셨죠. 이렇듯 나의 장점과 경력을 영어와 결합하면 엄청난 시너지 효과가 납니다.

반면 내가 하고 싶은 업무가 영어와 관련되어 있는데 잘 안 풀릴 때는 반드시 영어 탓이 아닐 수도 있습니다. 해외 영업 부서로 갔는데, 나는 사람들을 만나며 다니는 업무보다 꼼꼼한 사무직 업무가 더 잘 맞을 수도 있는 겁니다. 영어 발표 제안에 주저하고 있다면 그 내용이 내가 한국어로도 발표하기 어려운 내용일 수 있습니다. **우리는 영어 실력과 나를 동일시하는 경향이 있는데 영어는 기존의 내 실력에 하나 더 덧입히는 것이라고 보시면 됩니다. 현재 영어 때문에 갈팡질팡하고 있다면 영어 실력과 업무 적성을 반드시 구분해서 보시기 바랍니다.**

한국인이 성공하는 영어 스피킹은 따로 있다

05

100퍼센트 영어 수업
원어민 선생님이 되다

강의를 하고 원어민 선생님들을 관리하며 나만의 단어를 계속 쌓아 갔습니다. 미국 교과서는 학생들이 교실에서만 보고 후배들에게 물려주는 학교 자산이라 양장본이며 크고 두껍습니다. 그 무거운 미국 교과서를 퇴근 후 집까지 들고 다니며 공부를 했어요. 호기심 가득한 초등학생이 세상을 배우듯이 삶 속의 모든 것들을 영어로 변환했죠. 그렇게 공부한 내용을 어떻게 하면 더 쉽고 재미있게 가르칠 수 있을까 고민했고 제가 중고등학생 때 느꼈던 영어 공부에 대한 실망감을 이 아이들은 느끼지 않았으면 좋겠다는 열정으로 가르쳤습니다. 어찌나 열성적으로 가르쳤던지 교과 선생님 중 한 분이셨던 교포 선생님이 그만두자 이런 제안을 받게 되었습니다.

"우리가 미국인 선생님 네 명, 한국어 하시는 원어민 선생님 한 명, 이렇게 총 다섯 분의 선생님이 계셔야 하는데 교포 선생님이 그만두시면 그 자리에 선생님이 딱인 것 같아요. 우리 수업 스타일도 잘 아시고 영어도 원어민만큼 하시니 지금처럼 원어민 선생님 관리도 하시면서 원어민 강사로 일해주시죠."

당시는 제 목표치의 70~80퍼센트까지 와서 원어민 강사라고 하기엔 부족했지만 이미 두 배로 공부하고 준비하는 것이 습관이 되어 있었기에 왠지 자신이 있었어요. 아이들은 귀신같이 발음이 다른 것을 간파해냈기 때문에 무엇보다 미리 원어민 발음으로 교정해둔 것이 큰 도움이 되었습니다. 학생들이 듣기에 발음에서 합격을 한 것 같았고 모르는 표현은 돌려 말했기 때문에 일단 가능했던 일이죠. 물론 발음만 좋고 문장을 영어식으로 말하지 못하면 안 되겠죠. 스피킹 문법을 익히고 나니 말할 때도 자신 있었지만 무엇보다 한 번 본 문장도 잘 외워졌기 때문에 미국 교과서에 나온 문장들이 금방금방 내 것이 될 수 있었어요.

이렇게 어릴 때 꿈꿨던 초등학교 선생님, 그것도 영어 100퍼센트로 가르치는 선생님이 되다니 꿈만 같았습니다. 저의 한계를 다시 한 번 뛰어넘는 계기가 될 것 같았어요.

한국인이 성공하는 영어 스피킹은 따로 있다

물론 항상 평화롭지만은 않았습니다. 어느 날 반에 한국계 미국인 아이가 온다고 했습니다. 혹시 내가 원어민만큼 영어를 못한다고 부모님께 얘기해 문제가 생기면 어쩌지, 별의별 생각에 악몽까지 꿨어요. 그러나 기우였습니다. 아이가 다시 미국으로 돌아갈 때까지 우리는 너무나 즐거운 시간을 보냈습니다. 예습과 숙제를 절대 빠뜨리지 않으면서 선생님 말씀을 너무나 잘 듣는 아이였고, 우린 선생님과 학생 인연으로 만나 즐겁게 공부했을 뿐 영어는 부차적인 문제였어요. 아이는 제가 잘 모르는 그 친구의 미국 고향 마을이나 문화에 대해 물어보면 언제나 선생님께 나도 무언가 알려줄 수 있단 자부심에 신나 했습니다. 항상 천진난만한 초등학생이었을 뿐 '선생님은 왜 그것도 몰라요?'라는 생각 자체가 아예 없었어요.

방학을 맞아 특강 선생님을 뽑는데 뉴욕에서 8년간 살았다는 남자분의 면접을 볼 일이 있었습니다. 삐딱한 자세로 면접을 시작하며 유창한 발음으로 본인을 뉴요커라고 소개했죠. 하지만 교육에 대한 생각, 가르치는 내용에 대한 질문을 하자 말을 못하시며 더듬거렸어요. 초등학교 교과서에 나오는 파닉스 질문에도 대답하지 못하고 얼굴이 빨개져서 결국 면접을 중단하고 배웅해드렸던 기억이 있습니다. **영어를 잘해도 그 일을 못한다면 할 수 없는 것입니다. 일이 먼저고 영어가 두 번째입니다.** 그러니 내가 하고 싶은 일이 있다면 영어 때문에 포기하지 마세요. 영어만 잘하는 사람들은 그 일을 당신만큼 할 수 없을 테니까요.

한국인이 성공하는 영어 스피킹은 따로 있다

06

내 영어 한을 풀어준
미국인 동료의 한마디

그 후 대형 어학원으로 이직했습니다. 미국인뿐만 아니라 캐나다, 영국 분까지 총 열 명의 선생님들이 있었고 한국인은 저 빼고 모두 유학파 선생님들이었어요. 캐나다에서 10년 거주하다 오신 분, 5~6년간 해외 대학을 다니신 분들은 기본이고 아무리 짧아도 1년 이상 공부하다 오신 분들이었죠. 국내파인 내가 열정만으로 살아남을 수 있을지, 첫날부터 떨리기는 했지만 지금까지 성장해온 것을 생각하며 마음을 다잡았습니다. 멋진 유학파 선생님들에게 뒤처지지 않으며 일하기 위해 더욱더 고군분투했습니다.

걱정과는 다르게 외국인 선생님들과 즐거운 직장생활을 할 수 있었습니다. 다 같이 회식을 한 날이었습니다. 왁자지껄한 분위기에서 활발하던 원어민 선생님 한 분이 자리를 옮겨 다니다가 제 앞에 앉았습니다.

"You know Kim went to a university in Australia for five years and Park said she lived in Canada more than ten years. What about you, Estell?" _김 선생님은 호주에서 대학교 나왔대, 5년 있었다던데. 박 선생님은 캐나다에서 10년 동안 살면서 대학원 나왔대. 에스텔 쌤은 어디 나라에서 공부했었어?

'이거 뭐지, 혹시 괜히 사실대로 말했다가 나랑 담임 파트너 되기 싫어하면 어쩌지?' 순간 대답을 망설였죠.

"Well… as a matter of fact, I stayed in Boston for two months. It's kind of two-month-old English. Haha." _사실 난 미국 보스톤에 두 달 있었어. 영어는 한국에서 했고 이 영어는 보스톤 두 달짜리야. 하하

아무렇지 않은 척 웃으며 농담조로 대답했더니 의외라는 표정을 짓는 겁니다.

"You did? Awesome! Since your English is as good as theirs, I would never have expected that. It's way more amazing, isn't it?"_전혀 몰랐어. 다른 유학파 선생님들이랑 똑같아서. 진짜 한국에서만 했어? 그럼 더 대단한 거 아냐?

옆에 있던 다른 선생님들까지 끄덕이며 동의하자 휴화산이 뻥 터지듯 마음속에 있던 한이 다 터져버렸죠. 내가 해냈구나!

파노라마처럼 영어 인생 필름이 제 눈앞을 스쳐갔습니다. 회화시간에 울렁거리며 한마디도 못하던 순간부터(0%), 입시용이 아닌 스피킹용 문법이 있다는 것을 발견하고 영어로 말 걸게 된 장면(10%), 영어가 잘 외워지기 시작하면서 원어민과 20분 이상 대화한 경험과 (20%), 대타로 동네 학원 강사를 시작한 사건(30%), 녹음기를 달고 살며 발음 교정을 한 체험(40%), 두 달간의 미국 어학연수에서 수많은 해외 친구들을 만나 삶의 태도가 달라진 것(50%), 국제학교에서 일하면서 나만의 영단어를 쌓기 시작하고(60%), 원어민 선생님을 관리하게 된 것에서 나아가(70%), 원어민 강사로 일하며 하루 종일 영어로 강의한 경력(80%) 그리고 드디어 원어민 선생님들의 인정을 받을 때까지의 장면이 주마등처럼 스쳐갔죠. 동료 선생님들에게는 지나가는 이야기였을지 모르지만 제게는 명확한 목표와 행동하는 노력으로 포기하지 않고 나아간다면 불가능해 보이던 꿈에도 반드시 가닿을 수 있음을 확인한 순간이었습니다.

초등학생 때 동시통역사분이 쓴 책에서 "언어의 결정적 시기인 12세 이전에 해외에서 5~6년 이상 살지 않으면 영어 스피킹을 잘하기 힘들다."라는 대목을 보고 '난 힘들 것이다.'라는 명제를 마음속에서 지우지 못했습니다. 여러분의 영어에 대한 고정관념은 무엇인가요? 멈추지 않고 가다 보면 남들에게도 인정받는 순간이 옵니다. 항상 놀리던 동생에게 발음 좋아졌다는 말을 듣고 통쾌했다는 분, 여행에서 미국인 할아버지에게 영어를 잘한다는 칭찬을 받아 기뻤다는 분도 계셨고, IELTS 학원에서 원어민 선생님께 알아듣기 쉬운 발성이라고 인정받았다는 후기도 받았죠. 학교 영어 발표에서 쉬운 단어로 자연스럽게 말했다며 외국인 교수님께 칭찬을 받았단 문자도 받았습니다. 유학파 동료들에게 영어가 어떻게 그렇게 늘었냐고 얘기 들었다는 후문도 있었어요. 누구에게나 이런 순간이 옵니다. 아주 가깝진 않지만 그렇게 멀지도 않습니다. 계속 전진하세요. 정직한 노력은 절대 배신하지 않습니다.

이제는 수강생의
영어 꿈을 이뤄주는 강남역 스타강사

어학원 퇴사 후 제 비결을 담은 수업을 열고 싶었습니다. 블로그를 오픈해 저의 영어 공부 이야기와 저만의 학습법, 교육 철학을 올리기 시작했고 강남역 1번 출구 근처에 있는 스터디 센터의 제일 작은 교실을 대여해 수업을 하기로 했습니다. 일은 벌였지만 대형 어학원 여러 곳이 우뚝 솟아 있는 강남역 한복판에 솔직히 누가 내 수업을 들으러 올까 싶어 겁이 났습니다. 첫 달에는 블로그를 보고 온 두 분과 지인 두 분, 네 분이 함께 공부를 시작했습니다. 이후 광고나 홍보도 없었는데도 후기와 입소문만으로 수강생이 배로 늘기 시작했습니다. 또 블로그를 보고 오셨지만 여건상 직접 수업을 들으실 수 없었던 지방과 해외에 계신 분들의 요청으로 캠코더를 교실 뒤편에 두고 강의를 녹화해 온라인 수업도 열었죠. 수업이 점점 화제가 되자 '온·오프라인에서 좋은 강의로 활약하는 스타 강사'라고 인터넷 기사가 나서 영광스럽기도 했습니다. 한국인이 영어 스피킹을 어려워하는 이유와 그 해결책을 알려드리는 수업이 이처럼 많은 분들에게 정말 필요하구나 하는 확신을 갖게 되었고, 이젠 혼자서가 아니라 다른 분들과 함께 공부하며 영어 성장할 수 있다는 사실만으로 감격스러웠습니다.

블로그에 처음 수업 공지를 했을 때 여행이나 영어 면접을 앞두고 최대한 빨리 입을 트고 싶다는 요청이 많았습니다. 이에 따라, 수업의 목적을 발성 발음 교정, 스피킹 문법 배우기 두 가지에 두고 초급과 중급으로 나눴습니다. 일단 초급만 배워도 한 문장씩 간단한 대화를 주고받는 것은 가능해지니까요.

일단 수업을 열긴 했지만 저와 똑같은 효과가 난다는 보장이 없어 처음에는 많이 걱정했습니다. 그런데 1~3개월 강의를 들은 **수강생들의 입 트기 성공 사례가 많아 저 자신도 놀랄 정도였습니다.** 초창기에 한 수강생분께서 대만 여행을 다녀와 영어 선생님인 친구보다 본인이 영어를 더 많이 썼다며 선물을 한아름 들고 온 기억이 납니다. 비행 중 외국인 친구를 사귀었다면서 좋아한 분도 계셨고, 등산 중 길 물어보는 외국인에게 자신 있게 영어로 알려줘서 뿌듯했다는 얘기도 들었습니다. 마카오 여행에서 혼자 영어를 하며 가족 7명을 안내

했다는 후기도 전해 들었죠.

전 수업 때 여행에서 제일 먼저 영어로 말해보고 싶으면 기내에서 '안대를 주세요'라고 해보라고 했습니다. 인천공항에선 영어 쓸 일이 없고, 외항사 기내에서도 헤드셋, 담요, 슬리퍼 등 다 세팅되어 있는데 유일하게 안대는 달라고 해야 줍니다. 전 평소에도 안대 없으면 못 자기 때문에 꼭 달라고 하는데요, '안대 주세요'를 영어로 뭐라고 하면 될까요? 앞서 배운 대로 쉬운 동사를 활용해 'Can I get 안대(an eyemask)?'라고 하면 됩니다. 원래 안대 없이도 잘 잔다는 분들도 그대로 해보셨다고 해요. 간단한 문장이지만 단번에 내 발음을 알아듣고 가져다주니 '영어 별거 아니었네? 내가 왜 그렇게 두려워했지?'라며 신이 나서 이후 계속 영어를 했다고 합니다. 물론 여행 중에는 돌발 상황도 있고 잘 안될 때도 있습니다. 항상 전보다 좋아진 것과 아직 부족한 것을 동시에 느끼고 돌아올 것이라고 말씀드렸기 때문인지 다들 즐거운 마음으로 영어 경험을 즐기고 오셨어요.

문법 때문에 정말 싫어했던 영어가 처음으로 재밌어졌다는 의견도 많았습니다. 스피킹 문법을 배우고 나니 그간 영문법을 너무 어렵게 배웠던 것 같다는 분들이 많았죠. 한 수강생분은 수업 3주 후 본 영어 면접에서 원래 실력보다 말이 잘 나왔다더니 정말 합격하셨습니다. 영어 문장 만드는 게 너무 재미있어서 매일 영어 일기를 쓴다는 분도 있었고, 처음 선택해 들은 대학교 원어 강의에서 A+을 받고 좋아하던 분도 계셨죠. 수강생분 중 한 분은 강의를 통해 무언가가 '해소된다'라고 표현하셨습니다. 무작정 외우는 게 아니라 왜 그렇게 말하는지 배울 수 있기 때문이었습니다. 아이 영어 숙제를 봐줄 때도 뉘앙스가 다 파악되니 아이가 물어보는 질문에도 다 대답할 수 있어서 좋다는 어머니도 계셨어요.

발음 원리를 배우며 영어가 이렇게 재밌는 줄 몰랐다는 얘기를 많이 듣습니다. 발음하는 재미가 생겨 하루 한 번은 영어 원서 한 페이지를 읽어본다는 분이 있었습니다. 직접 녹음한 자신의 영어 발음이 점점 맘에 들어서 부모님께 녹음 파일을 보낸다는 분도 있었죠. 유학을 앞두고 토플에서 유독 스피킹 파트 점수가 안 나와 국내파의 한계인가 하시다가 발음 교정 2주 만에 원하는 점수가 나온 분도 계셨습니다. 가장 보람 있었던 것은 아이 영어 책을 자신 있게 읽어준다는 한 어머니의 사례였습니다. 발음 교정 후 아이가 CD보다 엄마 발음을 더 좋아한다는 얘기를 해주셨죠. 빠르고 늦고의 차이는 있었지만, 열심히 하면서 다들 전보다 성장하고 더 좋아졌어요.

생각지 못한 효과도 있었습니다. 영어 공부하면서 오랫동안 앓아왔던 우울증을 극복한 것 같다는 분이 있었어요. 업무가 너무 힘들었는데 영어 공부하면서 버텼다는 얘기도 들었죠. 만족스럽지 못한 현 직장을 과감히 퇴사하고 제2의 인생을 위해 영어 공부를 시작한 분도 있었고요. 다람쥐 쳇바퀴 돌 듯 살다 보면 우울해질 수 있죠. 자기계발 좀 해야겠다 싶을 때 흔히 계획하는 게 '영어 공부, 운동, 독서'일 겁니다. 그중 한 가지를 딛고 지금까지의 콤플렉스를 이겨나가다 보면 무기력함이 사라지는 것도 당연할지 모릅니다. 아직 이렇다 하게 열정을 주는 일이 없다면 누구나 쉽게 접하는 영어부터 도전해보면 좋을 것 같아요.

다들 이렇게 되기까지 꽃길만 있었을까요? 천만의 말씀입니다. 영어 고민 상담을 하다 보면 저도 다 겪었던 일이라 온 맘으로 위로를 해드릴 수 있었어요. 지금 영어를 잘하는 사람들도 모두 여러 과정을 겪으며 그 자리까지 온 것입니다. 내 자리에서 발전하며 한마디 한마디 늘어가는 과정은 기쁨 그 자체입니다. 그런 맘으로 여러분도 저도 함께 좌충우돌하고 서로 응원하며 영어 성장하면 좋겠습니다.

| 미국식 or 영국식 영어, 세계를 무대로 일할 사람들의 딜레마 |

종종 이런 질문을 받습니다.

"선생님, 미국식 영어와 영국식 영어 중 무엇으로 공부해야 해
요?"

저도 비슷한 고민을 한 적이 있습니다. 발음 교정을 시작한 초반에
미국 영화는 잘 들렸지만 영국식 발음은 도통 들리지가 않았죠. 그
편차가 너무 크다 보니 영국 영어는 최대한 피하고 싶었고, 토익에
나오는 호주와 뉴질랜드 발음도 두려운 존재였어요.
영국식 발음도 공부해야 하지 않을까 고민되기도 했지만 한국식 발
음을 미국식으로 바꾸는 것도 시간이 많이 들었기 때문에 다른 것까

지 신경 써야 한다면 너무 일을 벌이는 것 같았습니다. 고민을 한참 하고 있을 때 우연히 이런 얘기를 들었습니다. 저는 항상 주변 사람들을 통해 힌트를 얻었던 것 같아요.

> "미국식이면 미국식 영국식이면 영국식, 하나만 선택해서 해야지 아니면 경상도와 전라도 사투리 섞어 쓰는 요상한 말이 되어버린다. 그냥 하나만 해!"

일리가 있다고 생각해서 미국식 영어만 열심히 듣고 공부했습니다. 미국과 영국식 발음 둘 다 있는 사전 기능에서도 미국 발음만 들었죠. 그래도 항상 영국 영어에 대한 아쉬움이 있었어요. 더 정통에 가깝다고 느꼈고 《해리 포터》 시리즈나 《셜록》같이 재미있는 영국 작품도 많으니까요. 아쉬움은 시간이 흐르면서 자연스럽게 해결이 되었습니다. 미국식 발음을 제법 비슷하게 발음할 수 있게 된 어느 날 영국 영화를 봤는데 하나도 어렵지가 않은 것입니다. 너무 신기해서 다른 영국 드라마도 들어봤는데 할리우드 영화와 차이가 거의 없었어요. 그때 느꼈습니다.

'정말 하나에만 통달하면 되는구나. 그래서 미국인과 영국인이 아무렇지 않게 대화하지.'

우리는 악센트가 다른 지역 사투리도 다 알아듣습니다. 표준어도 어찌 보면 서울 사투리죠. 하지만 서울 사람, 경상도 사람, 전라도 사람 다 만나도 대화가 통합니다. 그 후 흑인들이나 스페니쉬들이 구사하는 특유의 영어도 듣기에 별 문제가 없다는 걸 느꼈습니다. 스피킹 문법은 거의 같기 때문에 문장도 문제될 게 없습니다. 다만 나라마다 단어 쓰임이 다를 수 있어서 그것만 부딪힐 때마다 배우면 됩니다. 상대적으로 우리나라는 어릴 때부터 미국식 영어에 더 많이 노출되어 있어서 더 익숙한 것을 선택하는 게 편할 수도 있습니다. 영국으로 유학을 간다거나 영국 발음에 더 호감이 있다면 그쪽으로 선택하면 됩니다.

미국에서 처음으로 영국인 친구를 만나게 되었을 때, 대화에 발음으로 인한 어떤 어려움도 느끼지 못했습니다. 제가 가끔 부산 사투리를 따라 하듯이 영국 친구의 발음을 따라 하면서 재밌는 시간을 보냈습니다. 단어의 차이는 자연스럽게 배우면 됩니다.

영국 친구: Excuse me for a minute. I have to go to the toilet. _잠깐 나 변기에 좀 갔다 올게.(미국에서는 toilet은 변기만을 뜻함)

나: Ew. I know Koreans make the mistake of saying toilet, a large bowl with a seat that is used for No1 and 2, but I didn't know that the word is also used by a gentleman from England.

한국인이 성공하는 영어 스피킹은 따로 있다

_윽, 한국인들이 영어로 '화장실'을 큰 일 작은 일 보는 '변기'라고 잘못 말하는 건

많이 들었어도 그 단어가 신사의 나라에서 온 우리 영국 친구님에게서 나올 줄은

몰랐네요.

영국 친구: Haha, we use the word as another way to say restroom

or bathroom. Didn't you know? _하하. 근데 영국에서는 toilet이 변기가

아닌 화장실이란 뜻으로도 쓰이거든? 이건 몰랐지?

야채 가게를 지나가며 tomato '토메이토'라고 발음했더니 영국에선

'토마토'라고 발음한다기에 그게 더 쉽다며 같이 깔깔거렸던 생각도

납니다. 이런 문화적인 차이도 있어야 재미있지 않겠어요?

스피킹 문법까지 통달하면 문장을 예측하면서 듣는 게 가능하기 때

문에 세계를 무대로 일하고 싶은 사람들도 걱정할 필요가 없습니다.

우리가 모국어인 한국어는 외국 친구들이 어떤 발음으로 말해도 웬

만하면 다 알아듣듯이 영어도 하나만 잘하게 되면 중국 바이어와 회

의를 하든 태국 사람과 대화를 하든 큰 문제가 없다는 것을 알게 됩

니다. 물론 그렇게 되는 과정까지 힘들지만 하나만 완성해도 나머진

저절로 해결되니 선택의 딜레마를 겪을 필요도 없습니다. 영어 공부

에도 선택과 집중이 필요하다는 것 잊지 마세요.

Chapter 6

영어,
끝까지 가보자!

셀프로 프리토킹
연습하는 법

셀프로 프리토킹 연습하기, 일명 '셀프킹'은 제가 50퍼센트 정도 왔다고 생각했을 때 도무지 늘지를 않아 시작했던 방법입니다. 스피킹을 어느 정도 하는 사람들의 고민은 어떻게든 말은 하는데 제대로 말하는 건지 모르겠고 항상 같은 말만 쓴다는 겁니다. 셀프킹은 전화영어나 원어민 과외에서 생각만큼 말이 안 나와 고민이라는 분들, 영어 면접이나 스피킹 테스트를 앞둔 분들에게도 효과적입니다. 스피킹도 읽기나 듣기처럼 혼자서 공부할 수 있는 방법이 있고 적극적으로 공부해야지 계속 늘 수 있거든요. 물론 아직 문장으로 20분 이상말하지 못하는 40퍼센트 이하 레벨이라면 먼저 언어 감각을 키우는 것이 중요합니다. 스피킹을 필두로 한 영어 공부법은 다음의 한 문장으로 요약할 수 있습니다.

문법 감각 + 소리 감각 키우기 → 내가 궁금한 단어를 찾아 셀프로 프리토킹 연습

더 짧게 줄이면,

언어 감각 키우기 (4~10개월) → 셀프킹 (100번)

듣는 것은 애니메이션부터 TED같이 난이도 별로 골라서 들을 수 있고, 읽기도 어린이 원서부터 어려운 소설까지 선택해 읽을 수 있습니다. 쓰기도 시간만 주어진다면 사전 찾아가며 고급 어휘로 바꿔볼 수도 있죠. **문제는 말하기입니다. 연습하고 싶다고 원어민이 대기하고 있는 게 아니죠.** 그렇다고 평소에 연습하지 않으면 깊이 있는 말하기가 필요할 때 당황할 수밖에 없습니다.

스피킹 연습을 위해 매일 외국인 친구를 만날 수도 없는 노릇입니다. 한국인 친구들도 매일같이 나를 만나주지는 않을 테니까요. 게다가 실전에서는 실수하기보다는 미리 공부해서 잘하고 싶잖아요. 셀프킹은 저도 아직까지 쓰는 방법이고 중급반 수강생 분들에게도 가장 중요한 숙제로 내드리고 있습니다. 언어 감각을 다 키우고 졸업하시는 분들께는 셀프킹 습관만 가지고 평생 스스로 스피킹 공부를 하라고 말씀드리죠.

셀프킹 방법은 다음과 같아요.

① 오늘 말해보고 싶은 주제를 정한 후 관련 단어를 찾습니다. '최근 재미있게 본 영화'에 대해서 얘기하고 싶다면 예고편은 trailer, 주인공은 main character 속편은 sequel 등 필요한 단어를 미리 최대한 많이 찾아봅니다.

② 주제에 대해서 영어로 말해봅니다. 반드시 내 생각을 말을 하되 영어 때문에 흐름이 끊겨서는 안 되기 때문에 영어로 뭔지 모르는 것은 돌려 말하거나 한국어 단어로 말해도 됩니다. 끝나고 찾아본 후 다음부터 잘 말하면 되니까요.

③ 내가 영어로 말한 것을 원어민 교정 사이트(에디켓 ediket.com 추천)에 적어봅니다. 말한 대로 최대한 적되 순서를 바꾸거나 문장을 살짝 고쳐도 상관없습니다. 말하기나 쓰기나 나로부터 나온 거니까요.

④ 원어민에게 교정받은 문장을 입으로 말해보면서 손으로도 써봅니다. 틀렸던 부분은 체크해두고 새로 알게 된 표현은 정리해둡니다. 다음부터 이 표현으로 말할 수 있으면 됩니다.

결국 말해보고 교정받고, 그걸 다음 셀프킹에 또 써 보는게 반복되면서 내 스피킹이 점점 향상되는 방법입니다. 혼자서 창피해할 필요 없이 말해볼 기회를 자꾸 만들고, 게다가 교정받은 대로 말하니 점점 영어가 원어민에 가깝게 자연스러워집니다. 맨날 쓰는 말에서 벗어

한국인이 성공하는 영어 스피킹은 따로 있다

나 할 수 있는 말이 점점 많아져서 좋고, 말해본 문장이 틀려도 교정을 받으면 되니 부담도 없죠. 실전에서 틀리는 것보단 낫잖아요?

저는 초창기 셀프킹에서 이렇게 교정받은 적이 있습니다.

> 제 초안: English is the thing which makes me passionate.
> _영어는 나를 열정적으로 만들어주는 것이다.
>
> ↓
>
> 원어민 수정안: English is my passion. _영어는 나의 열정이다.

My passion은 잘 알고 있는 단어였음에도 저는 장황하게 말하고 있었습니다. 무의식 중에 쓰던 문장을 원어민 식으로 바꾸고 나면 평생토록 쓸 수 있는 내 문장이 됩니다. 셀프킹에 익숙해지면 회화 책이나 영화 문장 외우기로 채워지지 않는 답답함을 해소할 수 있습니다. 내가 하고 싶은 말이 그 영화에 나온다는 보장이 없으니까요. 그런 점에서 셀프킹은 평생해도 좋을 중~고급 말하기 학습법이에요. 대신 소리 감각과 문법 감각이 전혀 없다면 뭐부터 말해야 할지 맨땅에 헤딩하는 느낌일 겁니다. 소리 감각이 없으면 교정받은 것을 올바른 발음과 악센트로 발음하지 못합니다. 문법 감각이 없으면 교정을 받아도 왜 그게 틀렸는지 모르거나 교정받은 게 잘 외워지지가 않으니 언어 감각 키우기 공부가 급선무예요.

저는 셀프킹 100회에 도전해보길 권합니다. 그 정도면 내가 하루 동안 말하는 양을 보유할 수 있기 때문입니다. 사람은 하루에 2천개정도의 문장을 말한다고 합니다. 하나의 주제로 20문장 정도 말하면 A4 용지 3분의 2정도 됩니다. 20문장 곱하기 100번이면 2천 문장을 연습하는 것이죠. 일주일에 두세 번 한다면 10개월 내로 끝낼 수 있고, 물론 매일매일 해서 100일 동안 더 빨리 끝낼 수도 있고요. **교정받은 정확한 문장으로 내 이야기를 보유하면 영어 프리토킹이 가능해지는 거죠.**

● 셀프킹 예시

Q: What is your favorite genre of movies? Why do you like those movies?

A: I don't choose movies because of their genres. I choose them because of their interesting plots and iconic characters. If I like the first movie, I usually want to see the sequels. So I have seen all the

Spider-Man movies. I know that the main actor has changed twice and I have seen the last sequel, called *Spider-Man Homecoming*. I've also seen all of the Avengers movies and I really enjoy their unique universe. I sometimes think 'If I had a super power, what would I do or who should I help?', which shows how I enjoy being in their universe. Recently I binge-watched all the Star Wars movies. Overall, I've not been picky with genre but all these movies are about super heroes so there is a common theme. However I never choose horror movies. I really hate them and I never see any first movie so I never know about their sequels.

Q: 넌 무슨 영화 장르 좋아해? 왜 그 장르를 좋아하게 되었어?

A: 나는 장르 보고 영화를 고르지 않아. 스토리가 재미있고 멋진 캐릭터가 나와야 보는 편이지. 보통 1편을 보면 속편도 꼭 챙겨보는 편이야. 스파이더맨 시리즈도 다 봤는데 주인공 배우가 두 번 바뀐 것도 알고 최근에 나온 《스파이더맨 홈커밍》도 봤어. 어벤져스도 다 챙겨봤는데 세계관이 정말 재밌는 거 같아. 내가 영웅이 된다면 무엇을 하고 또 누굴 도울 수 있을까 상상하면서 그 세계관에 빠져 있을 때도 있어. 최근엔 스타워즈 시리즈를 몰아봤는데. 보면 난 장르는 따지진 않는데 다 슈퍼 히어로가 나온다는 공통점이 있어. 그런데 난 공포 영화는 절대 안 봐. 공포물은 진짜 싫어해서 첫 편부터 안보니 속편이 뭐가 있는지도 몰라.

● 틀리기 쉬운 부분 정리

- the next sequels → the sequels: sequel이 속편이니 next를 넣을 필요 없음.

- two times → twice: 세 번째부터 three times, 무의식중에 실수 하는 부분이니 조심할 것!

- I've been not picky → I've not been picky: 스피킹 문법에서 not은 첫 번째 동사 다음에 넣음. 따라서 have been not이 아니라 have not been이라고 말할 것.

- I can find a common → there is a common theme: common은 형용사라 문법적으로 틀림, 더 원어민스러운 표현으로 익히기.

- I never choose to see horror movies. → I never choose horror movies.: to see를 빼고 더 심플하게 말할 수 있음.

● 새로 알게 된 표현 정리 (다음에 또 써먹을 것!)

- iconic: 상징적인 (스파이더맨, 아이언맨처럼 누구나 다 아는 상징적인 캐릭터)

- first movie, sequel: 첫 편, 속편

- I enjoy being in the ~.: ~ 안에 있는 상상을 하는 것을 즐긴다

한국인이 성공하는 영어 스피킹은 따로 있다

• binge watch: 몰아보다 (속어로 '드라마 정주행 하다'에 쓸 수 있음)

위는 외국인 친구와 가볍게 대화할 수 있는 내용입니다. 이렇게 문어체가 아니라 구어체로 말할 수 있는 감각이 필요합니다. 제시된 질문은 가장 흔히 치는 영어 회화 인증 시험 OPIC 기출 문제이기도 하죠. OPIC도 결국 구어체로 말할 수 있나 보는 것이고, 영어는 한국어와 달리 존댓말로 바꾸지 않기 때문에 외국인 친구에게 말하려고 준비한 셀프킹을 시험에도 그대로 말할 수 있다는 장점이 있죠. 평소에 셀프킹을 해두면 남들 다하는 교재 샘플 답변을 외우는 게 아니라 진짜 내 이야기를 해보기 때문에 점수도 잘 나오고 시험 후에도 남는 게 있습니다.

셀프킹은 할수록 늡니다. 전 처음에 4~5줄을 겨우 쓰고 1분 남짓 말이 나왔는데 나중에는 A4를 꽉꽉 채울 정도로 말이 흘러나왔어요. **처음 10번이 제일 힘들고 30번이 넘어가면서 실력이 확 느는 것이 느껴졌습니다.** 여행에 있을 돌발 상황을 연습하고 싶다거나, 영어 면접을 앞두고 있다면 그 주제로 해보면 됩니다. 한번이라도 말해본 게 실전에서 더 잘 나옵니다. 실전에서는 정신없이 말하는 것 같지만 셀프킹으로 보유하고 있는 검증된 표현과 문장들이 나도 모르는 새 툭 툭 튀어나옵니다. 영화 문장으로 채워지는 인풋과는 차원이 다른 내 이야기를 기반으로 하는 든든한 아군을 갖게 되는 것이죠.

한국인이 성공하는 영어 스피킹은 따로 있다

02

스피킹과 듣기 실력이
함께 늘려면

스피킹과 듣기 실력이 따로인 경우가 많습니다. 아래 어느 쪽에 속하시나요?

1. 듣기는 어떻게든 하는데 말을 전혀 못하겠어요. (소리 감각 우세)
2. 말을 대충 하는데 안 들리고 무슨 말인지 모르겠어요. (문법 감각 우세)

1번 유형은 어휘나 표현력도 나쁘지 않고 소리 감각도 평균 이상이라 듣는 건 이해되는데, 스피킹 문법이 부족해 상대적으로 말이 안 나오는 경우입니다.

2번 유형은 소리 감각이 부족해서, 스크립트를 보면 다 아는 단어인데도 안 들릴 수 있습니다. 혹은 아직 어휘와 표현이 부족해서 대본을 봐도 해석을 못할 수도 있죠. 문법 감각이 좋아 말은 내질렀는데 그 후 외국인 친구의 말이 안 들려 곤혹을 치를 수 있습니다.

이렇게 스피킹, 듣기 실력에 서로 편차가 있을 수도 있고, 비슷할 수도 둘 다 어려울 수도 있습니다. 가장 이상적인 것은 서로 도움이 되면서 비슷하게 성장하는 것입니다.

듣기에도 문법 감각과 소리 감각은 그대로 적용됩니다. 저는 언어 감각을 키우고 나서야 스튜디오에서 녹음한 듣기평가가 아닌 실전 리스닝이 되기 시작했습니다. 저 역시 처음 원어민 친구의 말을 들었을 때 그야말로 '블라블라'라고 밖에는 달리 표현할 수가 없었어요. 전혀 해석도 안 되었죠. 다 아는 단어인데도 안 들리는 경우가 많아 소리부터 정복하고 싶었어요.

영어 소리는 발성, 발음, 악센트, 음절 네 가지로 구성됩니다. 발성이 되면 그전까지 웅웅거림으로 들리던 소리가 또렷하게 들리기 시작합니다. 내 발음부터 영어식으로 교정해야 내가 알고 있는 단어를 못 알아들을 일이 없습니다. 예를 들어서 coupon의 발음은 '쿠폰'이 아니라 '쿠판'입니다. pon의 O를 139쪽에서 배운 입모양대로 크게 발음해야죠. 쿠폰이 coupon '쿠판'인지 알아야 듣고 바로 해석이 되겠죠. 또 악센트를 알아야 영어 특유의 리듬을 타면서 말할 수 있습니다. 우리의 귀와 입은 연결되어 있다고 했었죠? 주구장창 듣기만 한다고 듣기 실력이 늘지 않습니다. 만약 그렇다면 CGV에서 영화 한 편을 보고 나면 무조건 늘어야 할 텐데 그렇지 않죠. 성인이 된 우리는 발음 교정을 하려면 입을 이용해 귀를 뚫어줘야 합니다.

소리는 들리는데 무슨 뜻인지 모른다면 반쪽짜리겠죠. 이때 필요한 것이 바로 문법 감각입니다. 수강생분들 말이 단문을 공부한 후에는 짧은 단문만 들렸는데 긴 문장 말하는 법을 배우고 나니 다음에 어떤 구조가 나올지 예측하며 듣게 된다고 했습니다. 예를 들어 Can you believe how he has survived? 같은 문장을 본다면 앞서 길게 말하는 법에서 배운대로 Can you believe + how(다리) + he has survived? 와 같은 주어+서술어 구조가 워낙 익숙하기 때문에 뒷부분이 통으로 안 들리는 일이 없는 거죠. 스피킹 문법을 다 공부하면 영화에서 듣는 문장구조들이 거기서 크게 벗어나는 일 없이 반복된다는 것을 느끼게 되는 순간이 있습니다. 소리를 들을 수 있고 문장구조도 예측된다면 이제 남은 것은 바로 단어와 표현입니다.

영화나 미드를 볼 때 자막은 어떻게 하면 좋을지 질문하시는 경우가 있는데요. 스피킹과 듣기가 함께 늘려면 영어 자막이 제일 좋습니다. 자막 없이 듣는 것은 내가 몇 퍼센트 이해할 수 있나 가끔 테스트 해보는 것으로 족하고, 중요한 것은 영화를 한 편 본 후에도 남는 게 있어야죠. 영어 자막과 함께 보면 아는 단어인데 내가 못 듣는 소리를 체크할 수 있습니다. 가장 좋은 것은 몰랐던 단어나 표현을 그냥 지나가지 않고 나만의 영단어로 저장해가며 익힐 수 있다는 것입니다. 생생하게 배운 단어와 표현을 내 셀프킹에도 활용할 수도 있죠.

그래서 저는 쉴 때 영한 자막 동시지원이 가능한 '왓챠플레이' 같은 어플로 영화나 미드를 많이 보는 편입니다. 영어 자막에서 발견한 모르는 단어는 무조건 익히기 때문에 영상을 자주 멈춰서 한 편을 다 보는데 오래 걸리는 편이지만, 보고 나면 그 안의 단어와 표현을 다 외운 거나 마찬가지라 뿌듯하죠. TED도 영어 자막 기능이 있기 때문에 보는 것만으로도 수많은 고급 어휘를 익힐 수 있고요. 또 영어 자막과 함께 전 세계 동향을 짧은 시간에 파악할 수 있는 BBC 뉴스 어플의 'Videos of the day'도 자주 보며 시사 단어를 익히는 편입니다.

문법 감각과 소리 감각을 통해 내가 아는 단어는 들을 수 있어야 합니다. 이후 영어 자막을 통해 처음 보는 단어는 나만의 단어장에 저장하고 꼭 셀프킹에도 활용해보는 겁니다. 듣기 공부 하나를 하더라도 스피킹 까지 도움이 되는 방법으로 한다면 매 순간을 알차게 보낼 수 있겠죠.

한국인이 성공하는 영어 스피킹은 따로 있다

03

말이 되고 나서야
읽기가 즐거워진다

스피킹 공부로 영어를 언어답게 공부하고 나서야 읽기의 참맛을 알게 되었습니다. 학창 시절 주로 하는 게 독해지만 시험 문제를 풀기 위한 지문 읽기과 단행본 원서 읽기의 차이는 시든 꽃과 생화를 만지는 것처럼 차원이 다르더라고요. 읽기의 재미를 처음 느꼈던 것은 《해리 포터》였습니다. 워낙 유명한 소설인데다 어린이를 대상으로 한 마법 판타지 소설이라니 왠지 나도 읽어낼 수 있을 것 같았죠. 물론 어린이가 주인공인 책이라고 해서 결코 쉬운 것은 아니었습니다. 한국 번역본에는 오역이나 빠진 부분이 있다는 얘기도 듣고 나니 반드시 원서로 읽겠노라 도전하고 나서는 번역본이 주지 못하는 맛깔스러운 영어 문장에서 헤어 나올 수가 없었어요.

이미 다져놓은 언어 감각은 읽기에서도 그 힘을 발휘했습니다. 소리 감각과 문법 감각은 그게 듣기든, 읽기든, 시험 준비든 다른 공부를 굳이 따로 할 필요가 없게 해주었죠. 소리 감각은 읽기에 쓸모없을 것 같아도 전혀 그렇지 않습니다. 우리는 읽을 때 속발음을 하거든요. 그래서 발음이 잘 안 되면 리딩도 잘 안된답니다. 특히 대화체를 읽을 때면 머릿속에서 문장 악센트가 그대로 적용되죠. 물론 가장 큰 공을 세운 것은 문법 감각이었습니다. 분석할 필요도 없이 쭉쭉 읽으면서 뉘앙스가 모두 파악되는데 이렇게 짜릿할 수가 없었습니다. 언어 공부가 진짜 재미있는 것은 이미 알고 있는 문장구조에 새로운 단어가 쏙쏙 들어가기 때문입니다. 같은 것만 보면 질리고, 새로운 것만 나오면 과부하가 걸리는데, 단맛 짠맛처럼 적절하게 반복되니 읽어도 읽어도 재미가 있을 수밖에요.

가장 어려웠던 것은 단어였습니다. 《해리 포터》가 어린이를 위한 소설이라고 쉽게 보고 덤볐다가 많이들 포기하는 이유는 단어 수가 엄청나기 때문입니다. 보통 원어민 어휘력이 1만~2만 개인데 《해리 포터》에 사용된 단어는 1만 개가 넘는다고 합니다. 그래서 《해리 포터》 책을 읽을 수 있게 된다면 조앤 롤링 작가의 어휘력을 갖게 되는 것이나 마찬가지죠. 계속 말씀드리지만 소리 감각과 문법 감각을 키우고 나면 그다음에는 단어, 표현 싸움이거든요.

《해리 포터》 시리즈를 읽으면서 초중고 입시에서 단 한 번도 본 적 없는 단어들을 많이 배울 수 있었습니다. 하지만 원어민들은 모두 알고 있는 그런 단어들이었죠.

> mumble _중얼거리다, murmur _웅얼거리다, mutter _투덜거리다, grumble _ 툴툴거리다 …

비슷하게 생겼고 의미도 닮은 단어들이 계속 바뀌면서 나옵니다. 똑같은 단어만 쓴다면 그것만큼 재미없는 언어 사용도 없기 때문이죠. 한국말도 웅얼거리다, 우물쭈물하다, 우르릉거리다 등 비슷하지만 다른 뉘앙스를 가진 단어들이 많이 존재해요. 이런 단어들을 한번에 배울 수 있는 방법이 바로 원서 읽기입니다.

그래서 영어 자막과 함께 영상을 볼 때도 그렇지만 원서를 읽을 때도 모르는 단어는 반드시 찾아보는 게 좋아요. 만약 원서 한 페이지를 읽었을 때 모르는 단어가 너무 많아 진도가 안 나간다면 그보다 더 쉬운 어린이 책부터 읽어보는 것이 좋습니다. 한 페이지에 모르는 단어가 3~10개 안이라야 단어를 찾아보면서 읽어갈 수가 있겠죠. 전제 수준에 맞게 어린이 소설들부터 청소년 소설, 수준 높은 문학 순서로 차례차례 읽었어야 했는데 처음 접한 원서가 《해리 포터》 시리즈였던 바람에 뭉텅이로 나오는 모르는 단어들을 다 줄치고 찾아가며 느릿느릿 읽어야 했습니다. 첫 권을 다 읽는데만 수 개월이 걸렸지만 이후 2, 3, 4권은 좀 더 수월하게 읽을 수 있었어요. 원서를 읽으면서 알게 된 단어나 표현은 반드시 제 셀프킹에 활용했죠.

이후 《Jane Eyre(제인 에어)》, 《Dead Poets Society(죽은 시인의 사회)》, 《Little Prince(어린왕자)》 같은 고전 문학도 읽었고 《Charlie and the Chocolate Factory(찰리와 초콜릿 공장)》, 《Jurassic World(쥬라기공원)》, 《Alice in Wonderland (이상한 나라의 앨리스)》 같은 청소년 문학, 《Beauty and the Beast(미녀와 야수)》, 《Frozen(겨울왕국)》, 《High School Musical(하이스쿨뮤지컬)》 같이 소설화된 영화 원작 책에도 푹 빠졌었죠. 번역본보다 대여섯 배는 재미있다고 느꼈기 때문에 원서로 읽으면서 같은 시간을 더 재밌고 진하게 보내는 셈이었습니다. 전 세계 50퍼센트 이상의 문서들이 영어로만 번역된다고 합니다. 영어를 할 수 있다면 세계를 읽을 수 있게 된다는 것도 읽기 공부의 즐거움을 배가시킵니다.

쓰는 스피킹을 즐겨라,
SNS 영어 일기

영어 쓰기는 저의 색다른 취미입니다. 요즘 SNS를 보면 자신을 표현하는데 재능들이 대단합니다. 오늘 입은 패션을 살짝 보여주기도 하고, 색다른 메이크업으로 나를 뽐내기도 합니다. 익살스런 일러스트나 센스 있는 시를 올리기도 합니다. 제가 가장 멋있게 생각하는 것은 외국어로 본인을 표현하는 것입니다. SNS의 한 유명스타가 사진 밑에 한국어와 일본어로 글을 쓴 것을 봤었는데 그렇게 멋있을 수가 없었습니다. 일본어를 몰라서 무슨 뜻인지도 모르는데도 왠지 한 번 더 들여다보고 싶었죠. 아랍어를 하는 멋진 한국인 친구의 인스타그램 계정도 즐겨 들어가는 편이죠. 저도 영어로 제 자신을 표현합니다. 아래는 블로그에 썼던 영어 일기입니다.

It's been more than a month since I came back from my trip to Hong Kong and Macau, but I still remember something that I won't forget for a long time: Macau egg tarts! Wow, they were the tastiest egg tarts I had ever eaten. I wondered what the heck I had been eating before. I knew the taste of the egg tarts from lots of franchise bakeries, but this was way different. I could tell that it was the original. I liked the crispy outer pastry crust and the soft egg custard filling inside it. When I took my first bite of it, the custard melted away on my tongue. The tart was lukewarm, so I could experience the flavor better than the ones that I'd eaten in Korea. I finished all six tarts in the box. Although I had planned to leave two of them and bring them back to the hotel, I couldn't help gulping them down. I even bought another box! I wish I had one right now. The thing is, I can't indulge in the pastry in Korea, so I hope to find the same egg tart store around my neighborhood!

_홍콩 마카오 여행을 다녀온 지 한 달이 넘었지만 여전히 기억나고 저를 떠나지 않는 게 있어요. 바로 마카오 에그타르트입니다! 진짜 맛있어서 난 그전에 도대체 뭘 먹은 거지 싶더라고요. 프랜차이즈 빵집의 에그타르트 맛을 정확히 알고 있는 터라

이건 정말 다르더라고요. 진짜 정통 오리지널 느낌! 그 바삭바삭한 페이스트리 겉

껍질과 속을 꽉 채우고 있는 부드러운 에그 커스터드… 처음 한 입을 맛보았을 때

커스터드가 제 혀 위에서 살살 녹더라고요. 파이 온도도 적당히 따뜻해서 풍미를

더 느끼기가 좋았어요. 한국에서 맛본 것과 비교해보면 말이죠. 저는 눈 깜짝할 사

이에 박스의 6개를 다 먹어치웠어요. 원래 두 개는 남겨서 호텔에 가려 했는데 계

속 야금야금 먹다가 결국 한 박스를 더 샀었어요. 지금도 하나 먹고 싶네요. 문제는

제가 한국에서 이 에그타르트를 마음껏 즐길 수가 없다는 거예요. 저희 동네에 똑

같은 에그타르트 가게가 하나 생겼으면 좋겠다 싶어요.

'마카오 에그타르트 참 맛있었다.'라고 쓰면 재미없을 내용도 영어로
쓰니 색다른 느낌이죠. 일기라고 해서 초등학교 숙제처럼 부담 느낄
필요는 없고 사진 아래 한두 줄만 남겨도 좋습니다. 쓰기도 결국은
소리 감각과 문법 감각이 필요합니다. 쓰기인데도 소리 감각이 필요
한 이유는 글을 쓸 때 한번 읽어보는 게 중요하기 때문입니다. 맞게
썼나 확인할 때는 한번 읽어보면 어색함을 찾아낼 수 있습니다. 작가
들은 원고를 다 쓰고 나서 계속해서 속으로 읽어보며 수정한다고 들
었는데요. 내 글을 읽을 다른 사람들도 속으로 발음하면서 읽을 것이
기 때문에 효과적인 방법입니다. 문장은 문법 감각대로 만들어가면
됩니다. 스피킹에 비해 눈으로 볼 수 있기 때문에 더 정확하게 적용
해볼 수 있죠. 이왕 하는 쓰기가 스피킹에도 도움이 되면 좋으니 화

려한 어휘와 복잡한 문장을 구사하려 노력하기보다는 가볍게 한국어 일기 적듯이, 그냥 말하듯이 적는 것이 좋습니다. 결국 영어 일기란 '쓰는 셀프킹'이라고 볼 수 있습니다. 글로 써보며 알게 된 표현은 실전 스피킹에도 말할 수 있으니 일석이조죠.

위에 일기에서도 crust(빵껍질), melt away on my tongue(혀에서 사르르 녹는), lukewarm(미지근한), gulp(꿀꺽꿀꺽 삼키다), indulge(마음껏 먹다) 같은 단어는 제가 미드나 원서 혹은 유튜브나 원어민 친구에게서 습득했던 저만의 단어들입니다. 이날 작정하고 써봤어요. 일부러 써보면 완전 내 것이 되고, 또 스피킹에 비해 쓰기는 시간을 갖고 꼼꼼히 작성하고 수정도 할 수 있기 때문에 아주 좋은 연습의 기회죠.

영어 일기도 셀프킹처럼 반드시 원어민 교정을 받아보는 게 좋아요. 문법 감각을 익히고 연습이 많이 되면 어느 순간 문법적으로 완벽한 문장을 쓸 수 있게 됩니다. 그런데 더 성장하고 싶어서 일부러 원어민은 어떻게 쓰나 보려고 틀리게 적어서 교정받기도 했습니다. 그 교정받은 영어를 한 번 더 SNS에 써서 올린다면 내 쓰기 연습이 될 뿐만 아니라 남들 보기에도 완벽한 문장이라 다른 사람들도 익힐 수 있기 때문에 일거삼득이죠. 한국 블로거들은 책임감을 갖고 맞춤법을 지켜야 한다는 말을 들은 적이 있습니다. 외국인들이 그 블로그 문장을 보면서 한국어를 익힐 수 있기 때문이라는데요. 영어도 마찬

한국인이 성공하는 영어 스피킹은 따로 있다

가지입니다. 이왕 공부하는 거 재미있으면서도 남는 게 있고 남들에게도 도움이 된다면 금상첨화겠죠.

05

어떤 영어 공부는
끝이 있다

영어 공부를 시작하는 분들이 많이 하는 질문이 있습니다.

　"얼마나 공부해야 영어를 잘할 수 있을까요?"

그럴 때면 전 되묻습니다. "영어를 어느 수준까지 하고 싶으세요?"
대답은 천차만별입니다. 문장으로 말할 수만 있어도 좋겠다는 분도
있고, 원어민만큼 하고 싶다는 분도 있습니다. 여행 영어만 가능해져
도 좋겠다는 분도 있고, 외국계 기업으로 이직하고 싶다는 분도 있습
니다. 살짝 애매한 목표를 제시하기도 합니다.

　"원어민만큼 완벽하진 않더라도 유창하게 말하고 싶어요."

원어민 전 단계까지는 가고 싶다는 것인데, 본인이 생각하는 '원어민만큼'의 정의도 다 다릅니다. 말만 할 수 있으면 원어민 같다고 하시는 분도 있고, 미국 앵커의 수준을 지향하는 분도 있죠. 한국어 원어민인 저희 기준으로 생각해봅시다. 우리 역시 처음부터 한국어를 완벽하게 하진 않았죠. 다섯 살만 되어도 꽤 능숙해지지만, 어른과 별 차이 없게 구사하게 된 것은 열 살 즈음입니다. 영어도 원어민처럼 구사하려면 최소한 10년이 걸리는 걸까요? 그렇다면 아무도 도전할 엄두도 내지 못할 겁니다.

● 어떤 영어 공부는 끝이 있다

저희가 목표로 삼아야 할 '원어민만큼'의 정의는 따로 있습니다. 성인 영어 원어민의 수준을 바로 추구할 것이 아니라 그 길목에 있는 어린아이와 비슷한 감각을 갖추는 것입니다. 이 감각을 기르지 않으면 사실 10년간 영어를 공부해도 어색하게 겉돌 뿐 내 것이 되지 않습니다. 어느 나라나 아이들은 조금 어설퍼도 하고 싶은 말을 다 하고, 또 기가 막히게 새로운 표현과 발음을 흡수하고 적용하는 것을 보셨을 거예요. 귀가 열리고 비슷하게 발음할 수 있는 소리 감각과 영어 문장을 쉽게 습득해 말할 수 있는 문법 감각을 지닌 것이죠. 그 아이와 같은 상태에 도달하면 됩니다. 영어를 듣고 따라 할 수 있는 영어 감각 기반이 생기는 것, 당장 필요한 말은 할 수 있어 누가 봐도 영어를 꽤 잘하는 것 같고 의사소통하는 데 큰 문제는 없지만 아직은 모르는 표현이 많은 상태. 이 정도가 영어를 공부할 때 일단 목표로 할 단계입니다. 이 단계가 충실히 만들어지고 나면 그다음 각자의 목표에 훨씬 수월하게 다가갈 수 있습니다.

그렇다면 언제쯤 이런 상태에 도달할 수 있을까요? 그전에 어떻게 공부했느냐, 또 얼마만큼 타고난 바탕이 있느냐에 영향을 받기 때문에 이 단계까지 가는 데 걸리는 시간은 사람마다 다릅니다. 하지만 대개는 언어 감각을 키우는데 평균 1년을 넘지는 않는 것 같아요. 초기에는 좀 더 차이가 두드러지기도 합니다. 3주 만에 입이 트이신 분도 봤지만 3개월 걸리신 분도 많습니다. 1개월 만에 발음이 교정되는 분은 정말 빠른 거고 대부분은 3~4개월 정도 걸립니다. 하지만 오래 걸리시는 분은 8개월 혹은 그 이상이 걸리기도 했죠. 초조해질지 모르지만 장기적으로 바라보면 다만 몇 달 차이가 날 뿐입니다. 언어 감각이 키워지기 전에 급급한 마음으로 무작정 단어나 문장을 외운다면 목걸이 줄에 꿰어지지 않는 구슬처럼 시간 대비 효율이 덜하죠. **'끝이 있는 영어 공부'가 있고 '끝이 없는 영어 공부'가 있다는 것을 알아야 해요. 끝이 있는 게 바로 언어 감각 키우기이고, 끝이 없는 게 바로 셀프킹과 어휘 쌓기입니다.**

한국인이 성공하는 영어 스피킹은 따로 있다

● 계속해서 나아가다

1. 셀프킹으로 스피킹, 라이팅용 어휘력 연습 (기본 100번 이후에도 가끔씩 계속하기)

2. 영화나 원서를 통해 리딩, 리스닝용 어휘 쌓기

내가 말할 수 있는 어휘력은 셀프킹으로 만들어본 문장에 비례합니다. 앞장에서 사람이 하루에 말하는 문장 수가 2천 문장 정도 된다고 했습니다. 한 문장에 새로운 단어가 하나씩 들어간다고 치더라도 2천 단어면 말할 수 있습니다. 셀프킹을 할 때는 반드시 나에 관한 표현이어야 합니다. 예를 들어 나는 건강을 위해 요가를 일주일에 세 번씩 한다면 '요가를 하다(do the yoga)'를 말할 수 있으면 됩니다. 나는 스노우보드를 타지 않습니다. 그렇다면 스노우보드 타러 가다(go snowboarding)라는 표현은 말할 필요가 없죠. 나는 외향적(extroverted)이고 사람 만나는 것(sociable)을 좋아합니다. 그렇다면 그 단어를 알아야 할 테고 우리 아들이 내성적(introverted, shy)이라면 그 단어를 말하면 됩니다. 나는 파티 가는 것을 좋아하지 않고 내 주변에도 그런 사람이 없습니다. 그렇다면 party goer라는 단어를 말할 일이 없는 거죠. 셀프킹 100번이면 하루 종일 말할 수 있는 문장을 보유하게 되지만 원어민만큼 영어를 구사하고 싶은 분들은 이후에도 가끔씩 해주면서 감을 잃지 않고 말할 수 있는 영역을 확장해나가면 좋습니다.

이렇게 들어도 해보기 전에는 쉽사리 감이 잡히지 않을 수 있습니다. 아래는 제가 직접 해본 셀프킹 사례 다섯 가지입니다. 따라 하고 적용해보며 감을 잡아보면 어떨까요?

● 1번. 제 이름 소개에 대한 셀프킹

● QR코드9 **셀프킹 공부법**

Q: Tell me about your name.

A: My name is Estell and it's a baptismal name that my mom gave me on my hundredth day. It is composed of two words: myrtle berry flower and stars. I'm a teacher, and I have found my job to be a natural calling. It matches the myrtle berry part of my name. I really like its meaning. It means 'teaching in love' in the language of flowers. I would like to have a great effect on others and guide them like the star in my name. There was a time when I couldn't handle things. I felt like I was in a dark tunnel without an end. But I got through the hard times and could finally define myself. Now, I'm very proud of that achievement. After I overcame many of life's hurdles, I built my self-esteem and want to be a star who can brighten others' lives.

Q: 이름에 대해 말해주세요.

A: 제 이름은 에스텔입니다. 이건 제 영어이름이자 일할 때 쓰는 이름이기도 하죠. 엄마가 제가 백일 때 지어준 세례명을 따온 거랍니다. 이 이름 뜻은 두 가지로 구성되어 있어요. '은매화 꽃'과 '별'이요. 제가 강사인지라 은매화 꽃의 꽃말을 알게 되었을 때 이 직업이 천직이구나 생각했습니다. '사랑의 가르침'이란 뜻이 있어서요. 또한 저는 선한 영향력을 행사하고 다른 사람들을 가이드할 수 있는 별이 될 수 있기를 항상 바라고 있어요. 예전에 끝이 없는 터널처럼 힘들었던 시절이 있었습니다. 하지만 힘든 시련들을 극복하고 나서 마침내 제 자신을 정의내릴 수 있었고 제 자신이 자랑스러워졌습니다. 제 많은 한계를 극복하고 나서 강한 자존감을 갖게 된 것 같고 제 이름인 별처럼 다른 사람의 삶도 밝혀주며 살아갈 수 있기를 바랍니다.

● 2번, 제 직업에 대한 셀프킹

Q: Tell me about your job.

A: Regarding my occupation, I'd like to tell you I have three different jobs. The first is an English instructor, which I started ten years ago, I found I was good at teaching and I decided to be a teacher for the rest of my life. English is my passion and it makes me feel good. I love learning, sharing and helping my students learn more effectively. I'm also an author. I had the chance to write a book about my learning English without going abroad. And finally, I'm an edutainer, which is a new word for someone who teaches English through social media, like blogs. I like this job because people can read my content anytime and anywhere, even on the move on their smartphones for free. So I would like to introduce myself as a teacher, author and edutainer.

Q: 직업에 대해 말해보세요.

A: 제가 일하는 것을 고려하면, 전 세 가지 직업이 있다고 말할 수 있겠어요. 첫 번째는 영어강사입니다. 한 지 10년이 되었죠. 가르치는 일에 재능을 발견했을 때 평생 이 일을 하겠다고 마음먹었어요. 영어는 제 열정이고 저를 행복하게 합니다. 저는 배운 것을 나누고 수강생들이 더 효과적으로 배울 수 있도록 도와주는 것을 좋아해요. 두 번째는 작가입니다. 유학 없이 한국에서만 영어를 잘하게 된 내용에 대해 책을 쓸 기회가 생겼거든요. 마지막 직업은 에듀테이너입니다. 이 이름은 신조어인데 블로그 같은 소셜미디어를 통해 영어를 가르치는 직업을 말해요. 사람들이 제 콘텐츠를 언제 어디서나 심지어 이동 중에 스마트 폰에서도 무료로 접할 수 있어 이 직업이 좋습니다. 이렇듯 제 자신을 강사, 작가, 에듀테이너라고 소개하고 싶네요.

한국인이 성공하는 영어 스피킹은 따로 있다

● 3번, 커피숍에서 있었던 일 (OPIC 스피킹 시험 기출 질문)

Q: Tell me about a memorable incident that happened at a coffee shop.

A: I remember a time when I picked up a lost smartphone at a coffee shop and returned it to its owner. I was at a Starbucks, I found it when I was doing some work on my laptop when I found it. The smartphone must have slipped out of someone's pocket. I went looking for its owner. I tried to get the phone numbers of his friends, but the screen was locked. So, I waited for the phone to ring until the owner called it from his co-worker's phone. He came back to the cafe 30 minutes later and I gave it to him. He bought me some cakes to thank me. It was very nice of him. It might seem small, but it felt nice to help someone like that. It was pretty memorable.

Q: 커피숍에서 있었던 기억에 남는 사건에 대해 말해보세요.

A: 저는 커피숍에서 잃어버린 스마트폰을 줍고 주인을 찾아주었던 적이 있습니다. 제가 스타벅스에 있을 때였어요. 노트북으로 일을 하고 있는 중에 잃어버린 폰을 발견했습니다. 누군가의 주머니에서 빠진 것 같았죠. 신경이 쓰여서 폰 주인을 찾기 시작했어요.

핸드폰의 친구 연락처를 찾으려고 했지만 잠금화면이라 볼 수가 없었죠. 핸드폰이 울리기만을 기다렸고 핸드폰 주인이 동료의 핸드폰으로 전화를 했습니다. 30분 있다가 주인이 나타났고 잃어버린 폰을 찾아드릴 수 있었습니다. 그분은 사례의 뜻으로 조각케이크를 건네주며 감사하다고 말했습니다. 아주 친절한 분이셨어요. 작은 일이었지만 다른 사람을 도와줬다는 생각에 기분이 좋았습니다. 이게 꽤 기억에 남는 일이랍니다.

● 4번: 해변 여행에서 특히 기억에 남는 일 (OPIC 스피킹 시험 기출 질문)

Q: Tell me about a particularly memorable trip to the beach.

A: I've been to Hanauma Bay, one of the most beautiful beaches in the world. It is located in the third biggest island in Hawaii, which is Oahu. On the day I went, it was extremely crowded due to the people who came to see the astonishing coral reef and tropical fish under the water. I'd never experienced snorkeling before so I was afraid of putting my head in the water, but when I saw the fantastic scene in the ocean, I thought I would never get out of the water. I saw some fish and sea creatures swimming together through the seaweed. I spotted a huge fish as long as my forearm and I swam and followed the fish as if I was swimming with an ocean friend. I promised myself to come back the next morning because the bay closed at 6pm, which was earlier than expected, and the next day I spent all day snorkeling. One day I'd like to learn how to scuba dive and dive to the depths of the ocean. Up until now, Hanauma bay was the most memorable beach experience I've ever had.

Q: 해변 여행에서 특히 기억에 남는 일에 대해 말해주세요.

A: 저는 하나우마베이에 가본 적이 있는데 이 곳이 세상에서 가장 아름다운 해변 중 하나라고 생각해요. 하와이의 가장 큰 섬인 오하우에 있죠. 제가 갔던 날에도 아름다운 산호초와 바다 속 열대어를 보러온 사람들로 붐볐어요. 저는 그전에 스노클링을 해본 적이 없었기 때문에 제 얼굴을 물속에 넣는 것도 무서웠는데 바다 속에 환상적인 장면을 보고 나서는 물 밖에 나오고 싶지가 않았답니다. 저는 물고기와 바다 생물들이 해초 사이로 함께 헤엄쳐 다니는 것을 볼 수가 있었습니다. 물속에서 제 팔뚝만큼 큰 물고기를 발견했는데요. 그 물고기를 따라다니며 헤엄치는 게 꼭 바다 친구를 만든 것 같았죠. 너무 좋은 나머지 다음날 또 오기로 제 자신과 약속했었어요. 오후 6시면 문을 닫거든요. 다음날도 하루 종일 스노클링을 했습니다. 언젠가 스쿠버다이빙을 배워서 깊은 바다에서도 해보고 싶어요. 지금까지는 하나우마베이가 제 기억에 가장 남는 해변이라고 할 수 있겠습니다.

Q: Tell me about a memorable incident that you experienced while travelling overseas.

A: I remember a day when I was very sick while I was travelling in Thailand. I had an upset stomachache and was vomiting. The resort said that I had to go to the hospital for foreigners, and luckily I was able to find a doctor who spoke English. I had eaten an oyster dish by the beach and it must have been undercooked. I experienced nausea and diarrhea. It was horrible. I had to stay in the ward for more than five hours, so I was late for my next hotel. I missed a beautiful sunset because I didn't arrive at my new hotel until later that night after leaving hospital. It was the absolute worst, yet most memorable incident while travelling overseas.

Q: 해외여행 중 가장 기억에 남았던 사건에 대해 얘기해주세요.

A: 저는 태국 여행 중 크게 아팠던 날이 가장 기억에 남습니다. 속이 아프면서 구토를 심하게 했어요. 리조트에서는 외국 여행자들을 위한 병원에 가보라고 했고 다행히 영어를 하는 의사를 찾을 수가 있었습니다. 해변가에서 굴을 먹었었는데 제대로 요리되지 않았던 것 같아요. 메스꺼움과 설사 증세도 동반되어 굉장히 힘들었습니다. 병실에 5시

한국인이 성공하는 영어 스피킹은 따로 있다

간 동안 있어야 했는데 그래서 그다음 머물기로 한 호텔에 늦게 도착했었습니다. 그 호텔에서 아름다운 석양을 볼 수 있었는데 놓쳤다는 것이 아쉬웠어요. 병원 진료를 마친 후 밤늦게 도착하는 바람에요. 그날이 제 해외 여행에서 가장 최악의 날로 손꼽힙니다.

● 남는 건 오로지 어휘

어휘 쌓기는 평생을 걸쳐 쌓아나가야 할 공부입니다. 영화나 유튜브, 원서나 영문 블로그에서도 모르는 단어가 나오면 반드시 찾아봅니다. 외운 단어를 금방 까먹기도 하겠지만 다른 곳에서 또 보게 되고 반복이 되면서 내 어휘력으로 자리 잡을 겁니다. 만약 내가 읽거나 듣는 문장에 모르는 단어가 하나도 없다면 영어에 걸림이 없을 것입니다. 하지만 그렇게 되기는 쉽지 않아요. 원어민들의 어휘력이 어마어마하거든요. 점점 모르는 양을 줄여간다고 생각하면 되요. 저도 처음에는 읽거나 들을 때 10퍼센트 겨우 이해되다가 점점 30퍼센트, 50퍼센트 갈수록 이해되는 폭이 넓어지고 영화 한 편이나 원서 한 권을 보면 8~90퍼센트가 이해되는 수준으로 성장한 경험이 있습니다. 어휘력을 키우겠다며 1:1 단어 암기는 금물입니다. 어휘는 그 상황이나 문맥과 함께 습득되는 것입니다. 혹시 내 어휘력이 얼마나 되는지 또 얼마나 갈 수 있는지 알고 싶으세요?

http://testyourvocab.com

위 사이트는 전 세계 사람들이 본인의 영어 어휘력을 체크하고 그걸로 통계를 내는 사이트입니다. 총 3단계로 내가 알고 있는 단어만 체크하면 되기 때문에 간단하게 측정할 수 있죠. 보통 2천 개의 어휘력은 보유하고 있습니다. 책은 book, 책상은 desk, 커피는 coffee, 이런 단어들이 여기에 속하죠. 만약 2천 단어가 안된다면 중학교 단어 책을 좀 더 공부해야 합니다. **하지만 대부분 알고 있는 2천 단어만으로 소리 감각이나 문법 감각도 키울 수 있고 셀프킹에도 도전할 수 있습니다.** 원어민 어휘력은 1~2만 개라고 합니다. 저도 3천 개가 넘었던 시절, 5~6천 개, 1만 개가 넘은 시절까지 성장해온 기억이 생생합니다. 현재는 원어민 어휘력 2만 개를 갖기 위해 매일매일 공부하고 성장하고 있습니다.

● **목표치**

1,000단어	중학교 의무과정까지 배우는 기본 단어
2,000단어	소리 감각만 있으면 원어민의 말을 50퍼센트 이상 알아들을 수 있으며 셀프킹 시작 가능
3,000단어	영화나 원서를 보면 50~60퍼센트 이해할 수 있음

4,000~6,000단어	어휘력을 열심히 쌓은 경우로 70~80퍼센트 이상 이해할 수 있음
7,000~10,000단어	영화나 뉴스를 자유롭게 이해함, 고급어휘 포함
10,000~20,000단어	원어민과 자유롭게 의사소통이 가능하며 영화나 뉴스를 바로 이해하는 단계, 두꺼운 원서 책도 자유롭게 읽고 이해함.

우리가 일단 말을 할 수 있게 되면 그다음부터는 어휘력으로 언어 실력을 평가합니다. 쉬운 단어로만 말할 수도 있지만 풍부한 어휘력으로 더 재미있게 말할 수도 있죠. 일단 언어 감각을 키우고 셀프킹을 100번 해서 프리토킹이 가능해지게 만듭시다. 그만큼만 하셔도 됩니다. 고급 영어를 공부하고 싶은 분들, 미국 뉴스도 보고 원서도 자유롭게 읽고 싶은 사람들은 더 많은 어휘를 목표로 더 공부하면 됩니다. **초급 때는 '언어 감각'을 목표로, 중급 때는 '셀프킹'을 목표로, 고급부터는 '어휘력'이라는 목표점을 두고 전진하시면 됩니다.**

●QR코드10 단어 공부

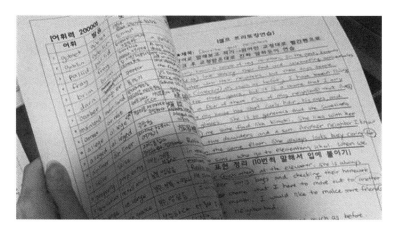

한국인이 성공하는 영어 스피킹은 따로 있다

한국인이 영어 성공하는 Tip

| 초기 울렁증과 계속되는 슬럼프를 극복해야 끝까지 갈 수 있다 |

'영어 울렁증 좀 극복하고 싶어요'라는 고민을 많이 듣습니다. 의학계에 '울렁증'이라는 정식 명칭이 있는 것은 아니지만 무슨 몸살감기처럼 이 증상을 온몸으로 느낀 적이 많았습니다. 목덜미가 쭈뼛 서면서 심장은 쫄깃해지고 얼굴도 화끈거리는 편치 않은 상태죠. 무대 공포증과 비슷하지 않을까 싶은데 보통 세 가지 상황에서 증세가 발현됐습니다.

첫 번째는 발음에 자신이 없을 때입니다. 정확한 발음을 몰라 얼버무렸거나 내가 한 말을 상대가 자꾸 못 알아들을 때 꼭 나타나죠. 두 번째는 영어식 문장 말하기. 간단한 문장을 영어로 말하려 해도 한국어 간섭 현상을 받으면 '이걸 영어로 뭐라고 하지'라며 뇌가 정체되는데

'잠깐 기다려봐'라고 말하기도 뭣해서 민망함에 화끈거리죠. 세 번째는 연습 부족입니다. 가사도 헷갈리고 연습도 많이 못한 노래를 수많은 관객 앞에서 불러야 한다는 상상만으로도 떨리는데, 그것도 아주 잘해야 한다면 죽을 맛이겠죠.

'지금보다 잘하면 좋아지겠지'라는 섣부른 진단보다 정확한 처방이 필요합니다. 먼저 발음을 교정해야겠죠. 앞서 말한 대로 한국어와의 차이를 알고 '정확하게' 발음할 수 있도록 연습해야 합니다. 남들에게 좋은 발음으로 들렸으면 좋겠다는 목표로는 오히려 울렁증을 악화시킬 수 있으며 훨씬 더 실용적으로 접근해 상대가 한 번에 알아들을 '정확한 발음'을 목표로 삼아야 합니다.

두 번째는 문장을 익힐 때 영어식 사고를 항상 염두에 두는 것입니다. 예를 들어 회화 책에서 'Don't get your hopes up. (크게 기대 하지 마.)'란 문장을 봤다고 칩시다. 그런가보다 넘어가는 게 아니라 그 안에서 원어민의 명사식 사고를 찾아봅니다. 쉬운 동사 get으로 명사 'your hopes 너의 희망'을 위로 가게 한다니 '기대한다'라는 뜻이 될 수 있겠네요. 무작정 외우는 대신 이렇게 잘 습득한 후 연습해놓으면 언젠가 이 말을 하고 싶을 때 한국어 번역하느라 고민하지 않고 바로 나올 수 있습니다.

녹음이나 셀프킹으로 미리 연습해보는 것도 정말 중요합니다. 영어

권 국가에 태어났다면 자연스럽게 연습했을 과정이 우리에겐 없기 때문에 스스로 해보는 것입니다. 수업에서 여행 영어 문장을 녹음하며 연습하도록 했는데, 현지에서 답변해야 할 때 미리 연습한 대본처럼 막힘이 없었다는 얘기를 듣기도 했습니다. 미리 연습을 했기 때문에 느낄 수 있는 자신감이었죠.

울렁증만 극복하면 탄탄대로냐 하면 그렇지가 않습니다. 세상에 완벽한 학습법은 없으며 그 방법으로 성공한 강사도 슬럼프를 겪었으니 그것을 따르는 수강생들은 당연하겠죠. 물론 강사만큼의 시행착오는 겪지 않겠지만, 하다 보면 예전만큼 늘지 않는 정체기가 무조건 옵니다. 인생과 공부 모두 계단식 성장이거든요.

저도 여기까지 오면서 너무나 많은 슬럼프를 겪었고 앞으로도 계속 겪을 예정입니다. 예전에는 슬럼프를 겪으면 한동안 영어는 쳐다보지도 않았는데 이제는 올 게 또 왔구나 하며 계속합니다. 슬럼프는 보통 잘하는 사람과 비교할 때, 공부한 것을 바로 소화하지 못할 때, 어이없는 실수를 했을 때 오더라고요.

초반에는 주로 남들과의 비교에서 슬럼프가 왔습니다. 10퍼센트에서 40퍼센트로 많이 향상됐음에도 불구하고 이미 90퍼센트인 사람을 보면 낙심이 컸죠. 하지만 나의 목표 수준을 상대를 통해 파악할 수 있으므로 이런 좌절은 나쁜 게 아니라고 생각합니다. 더 노력할 원동

력으로 삼으면 어느 순간 훌쩍 성장해 있을 겁니다. 문제는 발전하는 동안은 내가 늘고 있는지 전혀 안 보인다는 것이죠. 아이들이 키 크는 게 눈에 보이진 않지만 한 해가 지나면 몇 센티미터씩 자라있잖아요. 영어도 마찬가지인 것 같아요. 작년보다 훨씬 늘어 있는 저 자신을 발견하고는 깜짝 놀라 그 맛에 또 열심히 하곤 했었습니다.

수강생들은 배운 것이 바로 바로 내 것이 되지 않는 답답함을 주로 토로했습니다. 처음 발음을 배우면 개별적으로 자음 모음을 발음할 때는 모두 교정된 듯하지만 단어에서는 안 되고, 단어 발음에 자신이 생기면 또 문장에서 다시 정직한 한국식 악센트가 나온다고 했습니다. 영어식 사고도 배울 때는 알겠는데 혼자 하면 막히고 문장 만드는 법도 실전에서 빨리 말하려니 막히는 갑갑한 부분이 있다 했죠. 이건 다 시간이 해결해줍니다. 한 수강생 분이 이런 말을 했어요.

"처음에는 어쩌다 한 번 영어가 잘되더라고요. 그런데 좀 지나니까 잘되는 날, 안되는 날 반반인 것 같아요. 계속하다 보니 잘되는 횟수가 점점 많아지네요. 나중엔 어쩌다 한번 안 되는 거 아닐까요?"

어느 날 영어를 잘하는 사람으로 변신하는 게 아니라 잘하는 빈도가 점

점 느는 것입니다. 월드스타 싸이도 "아침에는 영어 인터뷰가 안 된다."라며 농담을 한 적이 있습니다. 잘하는 사람도 원숭이처럼 나무에서 떨어지는 날이 존재합니다. 바로 쉬운 실수를 했을 때죠. 블로그에 한국어로 글을 쓴 후 맞춤법 검사를 해보면 의외로 틀린 데가 많습니다. 모국어도 그러할진대 영어는 오죽하겠어요. 저도 여전히 가끔 어이없는 실수를 한다고 말씀드리면 위안이 되지 않을까 싶네요. 작은 실수를 하면 내가 지금까지 한 건 다 뭔가 하는 허탈감도 들지만, 실수는 실수일 뿐 나의 전체를 거기에 대입하면 안 됩니다. 오히려 그런 실수들은 뇌리에 선명히 남아 절대 잊혀지지 않습니다. 오히려 실수를 더 많이 했다면 영어에 더 자신이 생겼을지도 모르겠네요.

It always seems impossible until it's done. _Nelson Mandela
이루어지기 전까지는 불가능해 보인다. _넬슨 만델라

제가 좋아하는 영어 명언입니다. 이루고 싶은 목표가 불가능해 보여서 울렁증도 슬럼프도 겪는 겁니다. 하지만 그 목표치를 이루고 나면 언제 아팠냐는 듯이 완치되어 있을 겁니다. '완벽'이 목표가 아니라 향상되어가는 '재미'가 목표라는 것을 알게 되면 영어 공부가 더 의미 있어질 거예요.

에스텔 쌤,
인공지능 통역기 나와도
영어 공부 계속해요?

자, 이제 제가 한국인을 위한 영어 스피킹 학습법에 대해 왕초보부터 고급까지 모든 방법을 말씀 드린 것 같습니다. 제가 여러분과 비슷한 환경에서 한계를 극복하며 경험한 부분을 모두 담았고 또 같은 방법으로 공부한 수강생 분들도 각자의 목표를 이루셨으니 이제 남은 것은 여러분의 실천뿐입니다. 무작정 공부를 시작하기 전에 자신 있게 말할 수 있고 발음할 수 있는 문법 감각과 소리 감각이라는 무기를 장착하세요. 입이 트이고 영어가 잘 들려 잘 외워지는 상태가 되고 나면, 셀프킹을 통해 나의 이야기를 준비해보세요. 그 후 고급 단계까지 성장하고 싶으신 분들은 어휘력을 키워가시고요. 그 과정에서 울렁증와 슬럼프를 자꾸 겪을 수 있다는 점을 꼭 염두해 두셔야 합니다. 계속 전진하다 보면 원하는 목표치만큼 훌쩍 성장해 있으실 거예요.

전 평소 영어 공부법에 대한 질문을 많이 받는데요. 요즘에는 추가로 이런 질문도 종종 받습니다.

> "선생님, 앞으로 인공지능 통번역기가 나와도 영어 공부 계속
> 해야 해요?"

해외 생활을 꿈꾸는 제 수강생 중에 통역기를 쓰고 싶단 사람은 단 한 명도 없었습니다. 인간은 아기 때부터 경험하는 본능적이고 자연스러운 행동들을 좋아하는 것 같아요. 태어나 엄마와 말할 때 기계를 써본 적이 없잖아요? 사람이 서로 대화하는데 그 사이에 기계음을 한 번 거치는 것은 정말 신경 쓰이고 껄끄러운 일이지 않을까요?

또한 저는 통·번역기가 영어와 멀어지게 하는 게 아니라 영어와의 접점이 활발해질 것이라고 생각합니다. 예전엔 소수만이 비싼 돈 주고 통번역사를 고용할 수 있었다면 인공지능 덕에 누구나 평등하게 1인 1통·번역기를 둘 수 있게 되었죠. 처음에는 외국어를 '해야 해서' 다들 그 통번역기를 가지고 뛰어들었다가 그 덕에 외국인 친구를 더 자주 만나면서 결국엔 저절로 '하고 싶어'질 거라고 생각해요. 따

라서 인공지능 통역기가 발달할수록 시험을 위해서가 아니라, 다른 문화를 경험하고 세계 어디서든 일하고 살아가기 위해 외국어 공부를 하게 될 것입니다.

여러분은 로또 1등에 당첨된다면 무엇을 하고 싶으세요? 한 설문에서 좋은 집과 차, 원하던 것을 구입한 후 평생 하고 싶은 게 '세계 일주'와 '외국어 배우기'라고 했습니다. 돈이 생기면 사무직 일을 더 잘하고 싶다는 사람은 없지만, 여유가 생기면 다들 새로운 공간과 문화를 접하고 싶어 하죠. 2~3개 국어를 하는 사람이 멋있는 것은 내가 항상 머무는 공간 밖에 대한 호기심의 발로입니다. 전 오히려 인공지능이 집안일 등 우리의 기본적인 의식주를 편리하게 해준다면 여행과 외국어 공부에 대한 욕구가 더 커질 것이라고 생각해요.

그런데 모든 사람이 원어민만큼 해야 한다면 너무 많은 시간을 영어에 쏟아야 합니다. 전 수업 때 '여러분들이 영어 공부하는 게 너무 고통스럽다면, 제 밥그릇은 좀 줄더라도 완벽한 통역기가 개발되면 좋겠어요.'라고 말한 적도 있습니다. 모든 사람이 하루 3~4시간씩 헬스장을 다니며 머슬마니아에 나갈 정도로 운동해야 한다면 그냥 보정속옷을 입는 게 낫습니다. 하지만 내 생활을 하면서 일주일에 몇 번 정도의 운동으로 몸매, 체력뿐만 아니라 삶의 질까지 성장하는, 쉽고 재미있는 프로그램이 있다면 안 할 이유가 없을 것 같아요. 언어 감각 키우기도 마찬가지랍니다. 양이 아닌 질로 승부하는 공부인 만큼 영화 한 편이나 책 한 권을 인내하며 무작정 외워야 하는 게 아니라, 감각이 생기는 즉시 써먹으면서 하루하루 실력이 늘어가는 게 느껴지실 거예요.

내 영어 인생의 목표가 '성장'이면 내일이 기다려집니다. 저는 영어 스피킹 공부를 통해 매일 나아지는 저 자신과 함께 살아있다는 충만한 느낌을 받습니다. 시간이 가면서 느는 게 나이와 뱃살뿐이라면 우울하겠죠. 이제 이 책을 덮고 여러분이 해야 할 것은 영어를 잘할 수밖에 없는 언어 감각 키우기부터 시작하는 것입니다. 내일, 1년 후, 10년 후가 기다려지는 인생 영어 공부를 시작하는 겁니다. 그럼 이제 함께 영어 성장하실까요?

부록

내 영어가 달라지는
셀프킹 30회

내 영어가 달라지는
셀프킹 30회

외국인 친구와 대화할 수 있는 일상 주제부터 시사적인 주제,
오픽 스피킹 시험까지 대비할 수 있는 셀프 프리토킹 연습 페이지!

셀프로 프리토킹 연습하기, 일명 셀프킹은 저도 스피킹 공부 마지막 단계로 했던 방법이고 아직도 일주일에 두세 번씩 해주고 있는 효과 만점 스피킹 학습법입니다. 중급반 수업에도 가장 중요한 숙제로 드리고 있으며, 하던 말만 계속하는 습관에서 벗어나 나의 생각을 풍성하게 말할 수 있도록 도와줍니다. 소리 감각이 키워져 어떤 단어든 자신 있게 발음할 수 있고, 문법 감각을 길러 원어민들이 스피킹에서 쓰는 대부분의 문장구조에 익숙해진다면 그 후에는 누가 알려주는 표현을 외우기보다는 나의 이야기를 영어로 해보는 게 훨씬 효과적입니다. 셀프킹을 하다보면 내 이야기를 어떻게 영어로 할지 계속해서 궁금해하게 되며, 스피킹을 대하는 자세가 능동적으로 바뀝니다.

먼저 주어진 주제에 대해 영어로 말해봅니다. 더듬더듬이어도 좋고, 어차피 교정받을 테니 틀려도 좋습니다. 막힐 때는 이 말을 어떻게 말할까 궁금해하세요. 요즘은 빅데이터 시대라 원어민들이 쓰는 표현들이 검색 엔진에 대부분 정리되어 있습니다. 네이버나 구글, 블로그나 유튜브에 검색해보세요. 그중에 내게 가장 쉬워보이는 단어나 표현부터 써보시면 좋습니다. 말해본 후에는 반드시 교정을 받습니다. 교정받은 게 많다면 좌절할 일이 아니라 좋아할 일입니다. 그만큼 내가 쓸 수 있는 검증된 문장들이 기억 속에 확실히 각인될 수 있습니다.

● **부록 활용법**

1. 제시된 주제에 대한 다양한 영어 표현을 입으로 익힙니다.
2. 주어진 질문에 영어로 말해봅니다. 처음 하실 때는 5문장을 지키면 좋습니다.

- 첫 번째 문장: 질문에 대한 나의 생각
- 두 번째 문장: 왜 그렇게 생각하는지 이유
- 세 번째~네 번째 문장: 구체적인 예시
- 다섯 번째 문장: 나의 생각 한번 더 말하며 마무리

● 예시

Q: What type of music do you like listening to? _어떤 종류의 음악을 좋아
하나요?

A: ① 내 생각: I love listening to exciting K-pop when I take a rest at
home.

② 이유: I feel refreshed and regain energy from upbeat music.

③ 예시: So I personally like PSY and his music.

④ 예시: His song 'Gangnam Style' is fast and trendy and it ener-
gizes me.

⑤ 마무리: That's why I like to listen to popular K-pop when I
feel tired.

_"저는 집에서 쉴 때 신나는 케이팝 음악 듣는 것을 좋아해요. 신나는 음악을 들으면 기분이
좋아지고 활력이 생겨요. 그래서 개인적으로 싸이를 좋아한답니다. 싸이의 〈강남스타일〉은
빠르고 트렌디해서 재충전 돼요. 그래서 저는 피곤할 때 인기 있는 케이팝을 듣는 것을 좋아
한답니다."

3. 말해본 영어를 교정 사이트(에디켓 www.ediket.com 추천)에 직접 타이
핑해서 써넣고, 원어민 교정을 받은 문장을 준비된 공책에 쓰면서 입
으로도 말해봅니다. 새로 알게 된 단어나 표현을 맨 아래 박스 칸에

한국인이 성공하는 영어 스피킹은 따로 있다

정리하고 여러 번 발음해봅니다. 교정받은 문장을 발음과 뉘앙스에 신경 쓰며 세 번 이상, 외워질 때까지 말해봅니다.

※ 가끔 교정 사이트의 원어민 선생님들이 문어체로 고치는 경우가 있으니 요청란에 아래 문장을 꼭 넣어주세요.

"Please correct it to natural spoken English and keep my voice."
"자연스러운 구어체로 고쳐주시고 제 주장은 고치지 마세요."

전 셀프킹을 30번 정도 했을 때부터 말이 나오는 속도가 달라졌다는 것을 느꼈습니다. 교재에 있는 30번을 반드시 채워보세요. 하루 한 번이라면 한 달 내에 할 것이고, 일주일에 3번씩 한다면 세 달 내에 끝낼 수 있습니다. 셀프킹에서 했던 검증된 문장을 반복적으로 말해보세요. 외국인 친구에게도 써보고 오픽 시험에도 답변해보고 SNS에도 영어 일기로 올려보세요. 셀프킹 주제는 우리 일상생활에서 흔히 말하는 주제로 해보는 것이 좋습니다. 본 책 부록에 있는 셀프킹 주제는 외국인 친구와 나눌 수 있는 초급 레벨의 일상적인 주제부터 중고급레벨의 시사적인 주제까지 단계를 높였으며 OPIC 스피킹 테스트도 대비할 수 있도록 구성되어 있습니다.

1. 나의 직업에 대해 말해보기: What do you do for work?

2. 나의 전공에 대해 말해보기: What did you major in?

3. 어릴 때 장래희망에 대해 말해보기: What did you want to be?

4. 직장 생활에 대해 말해보기: How has your work been?

5. 나의 가족에 대해 말해보기: Tell me about your family.

6. 나의 성격에 대해 말해보기: Tell me about your personality.

7. 나의 취미 생활에 대해 말해보기: What do you do in your free time?

8. 내가 좋아하는 음식에 대해 말해보기: What's your favorite food?

9. 내가 좋아하는 옷 스타일에 대해 말해보기: What's your favorite fashion style?

10. 내가 살고 싶은 집에 대해 말해보기: Do you have a dream house?

11. 내가 좋아하는 음악에 대해 말해보기: What is your favorite music?

12. 내가 최근에 본 영화에 대해 말해보기: Please tell me what movie you have watched recently.

13. 내가 최근에 읽은 책에 대해 말해보기: Please tell me what book you have read recently.

14. 내가 최근에 가졌던 모임이나 기념일에 대해 말해보기: What did you do at your last gathering or celebration?

15. 내가 키우는 반려동물에 대해 말해보기: Do you have a pet?

16. 내가 생활 속에서 즐겨 쓰는 기기에 대해 말해보기: What appliances do you normally use?

17. 내가 여행 가보고 싶은 나라에 대해 말해보기: What country do you like to travel around?

18. 내가 규칙적으로 하는 운동에 대해 말해보기: Do you work out regularly?

19. 내가 즐겨보는 스포츠 경기에 대해 말해보기: Do you like watching sports games?

20. 내가 즐겨하는 SNS에 대해 말해보기: What do you personally post up on social networking sites?

21. 내가 즐겨가는 맛집에 대해 말해보기: Tell me about one of your favorite restaurants.

22. 한국의 날씨에 대해서 말해보기: Tell me about Korean weather

23. 한국의 여행지 추천해주기: Would you recommend me Korea's popular tourist site?

24. 한국의 인구에 대해 말하기: What is the population of Korea?

25. 한국의 청년실업 문제에 대해 말하기: Talk about youth unemployment in Korea.

26. 한국의 방사능 문제에 대해 말하기: Talk about radiation exposure problem in Korea.

27. 4차 산업혁명에 대해 말하기: Talk about the Fourth Industrial Revolution.

28. 한국의 재활용 환경 문제에 대해 말하기: Talk about the recycling crisis in Korea.

29. 한국의 저출산 문제에 대해 말하기: Talk about the low birthrate in Korea.

30. 남북관계 및 통일에 대해서 말하기: Talk about Korean reunification.

※ 공책 정리는 아래와 같은 형식으로 하면 좋습니다.

[셀프 프리토킹연습]

★제목:

영어로 말해보고 교정 사이트에 타자로 치기 → 완성본을 아래 적은 후
진짜 말하듯이 녹음

_____

_____

_____

_____

_____

_____

_____

_____

새로운 표현 정리 (10번씩 말해서 입에 붙이기)

한국인이 성공하는 영어 스피킹은 따로 있다

나의 직업에 대해 말해보기:

What do you do for work?

● 관련 표현

직업 job / **직업** occupation / **직업** vocation / **전문분야** profession /

소명 calling / **생계** livelihood / **~회사에서 일하다** I work for (회사 이름) /

~부서에서 일하다 I work in (부서 이름) /

~관공서에서 일하다 I work at (관공서 이름) / **~직책으로 일하다** I work as (직책)

● 예시

I work for a trading company as a marketer. I used to work in the domestic marketing department. But now I have been promoted to the international department after passing an English test. I am satisfied with my job in the new division working with new people. I wish to improve my skills and become a better marketer.

_저는 무역회사에서 마케터로 일하고 있습니다. 전에는 국내마케팅 부서에서 일했었는데 지금은 사내 영어 시험에 통과한 후 해외마케팅 부서로 승진했습니다. 새로운 부서에서 새

로운 사람과 일하는 게 참 만족스럽습니다. 제 업무 스킬을 향상시켜서 더 나은 마케터가 되고 싶습니다.

나의 전공에 대해 말해보기:

What did you major in?

● 관련 표현

전공하다 I major in ~ / **부전공하다** I minor in ~ / **학부생** undergraduate /

졸업생 graduate / **학위** degree / **휴학하다** take a leave of absence /

한학기 휴학하다 take a semester off / **개학하다** back to school /

전공하다 I majored in (전공 이름) /

학위가 있다 I have a degree in (전공 이름) /

대졸자이다 I am a graduate in (전공 이름)

● 예시

I majored in business administration and minored in English back in college. I learned how to acquire business skills through my major.

한국인이 성공하는 영어 스피킹은 따로 있다

Meanwhile, I learned communication skills from my minor. I feel both my major and minor help me a lot at my work. I'd like to be a competent businessman who speaks English fluently.

_저는 대학교에서 경영학을 전공했고 영어를 부전공했습니다. 제 전공을 통해 비즈니스 스킬을 배울 수 있었습니다. 반면 부전공을 통해 커뮤니케이션을 잘 하는 법을 배웠죠. 저는 두 가지 전공이 제 일을 하는데 도움이 많이 된다고 생각합니다. 영어도 유창하고 유능하게 업무를 처리하는 사람이 되고 싶습니다.

주제
3

어릴 때 장래희망에 대해 말해보기:

What did you want to be?

● **관련 표현**

장래희망 dream job / **좋아한다** I like ~ / **빠져 있다** I'm into ~ /

흥미가 있다 I'm interested in ~ / **광적으로 좋아하다** I'm a big fan of ~ /

영화광 movie person / **음악광** music person / **스포츠광** sports person

I always wanted to be a novelist. Back in middle school I was into classic novels. I was a big fan of Hermann Hesse so I read all of his books. I also loved participating in writing class. I didn't get to have my dream job but I still enjoy reading novels.

_저는 항상 소설가가 되고 싶었어요. 중학생 때 고전 소설에 빠져있었거든요. 헤르만 헤세를 참 좋아해서 그의 소설을 전부 섭렵했었죠. 그리고 글쓰기 특강도 참여해 듣곤 했습니다. 커서 그 꿈을 이루진 못했지만 여전히 소설 읽는 것은 좋아해요.

주제
4

직장 생활에 대해 말해보기:
How has your work been?

● 관련 표현

직장 동료 work friends / **업무량** work load / **업무 스트레스** work stress /

회식 staff(team) dinner, staff(team) meal, staff(team) party /

연차 · 월차 쓰다 take the day off / **병가** a sick leave /

퇴근하다 get off work, leave work, finish work /

야근하다 to work overtime / **단합 대회** workshop, company retreat

● **예시**

I usually work overtime. I hate working overtime but I have a big work load. I always feel burdened by my work. But when I complete it well, I feel rewarded. I hope to work faster and get off work on time every day.

_저는 주로 야근을 해요. 야근하는 게 좋진 않지만 업무량이 많아 어쩔 수 없어요. 업무량에 부담을 많이 느낀답니다. 하지만 일단 주어진 업무를 완수하고 나면 보람을 느껴요. 일을 더 빨리해서 매일 정시에 퇴근하고 싶어요.

주제 5

나의 가족에 대해 말해보기:

Tell me about your family.

● 관련 표현

집안 family, household / 형제자매 siblings / 연년생 a year apart /
친척 relatives / 외동 an only child / 외동 아들 an only son /
외동 딸 an only daughter / 장남 the eldest / 둘째 the second child /
막내 the youngest / 시부모님 parents-in-law / 사위 son-in-law /
며느리 daughter-in-law / 조카 nephew(남자), niece(여자)

● 예시

There are four people in my family. I live with my father, mother and
my younger sister. My father and mother run their own restaurant.
My younger sister is a designer and we are three years apart. Some-
times we have small arguments but overall we love spending time to-
gether, like eating dinner as a family.

_우리 가족은 총 4명이고, 전 아버지, 어머니, 여동생과 함께 살고 있는데요. 아버지와 어머

니는 음식점을 운영하시고 제 여동생은 디자이너인데 저와 3살 차이가 납니다. 가끔은 서로

작은 일로 다투기도 하지만 함께 저녁을 먹으며 가족끼리 시간을 보내는 것을 좋아해요.

한국인이 성공하는 영어 스피킹은 따로 있다

나의 성격에 대해 말해보기:

Tell me about your personality.

● 관련 표현

성격 좋은 nice / **외향적인** extroverted / **사교적인** sociable /

활동적인 outgoing / **개방적인** open-minded / **수다스러운** talkative /

원만한 easy-going / **내성적인** introverted / **소심한** shy / **조용한** quiet /

부지런한 hard-working / **게으른** lazy / **겸손한** modest / **예의바른** polite /

거만한 arrogant / **고집 센** stubborn / **냉정한** cold / **엄격한** strict /

인심이 넉넉한 generous

● 예시

I would like to say I am an extrovert. I am kind of sociable, so I like hanging out with work friends after work. On weekends, I never stay at home but enjoy outdoor activities. As you will have noticed, I am quite outgoing.

_저는 외향적인 성격이라고 말씀드리고 싶네요. 사람들과 어울리는 걸 좋아하다 보니 퇴근

후에도 회사 동료들과 어울려 다니는 편입니다. 주말에도 절대 집에 있는 성격은 되지 못하

고 밖에서 활동하는 것을 좋아해요. 눈치채신 것처럼 전 아주 활동적인 사람이랍니다.

나의 취미 생활에 대해 말해보기:

What do you do in your free time?

● 관련 표현

여가 시간 in(with) one's spare time, free time, leisure time /

티비 보기 watching TV / **음악 듣기** listening to music / **요리하기** cooking /

그냥 쉬기 just relaxing at home / **돌아다니기** hanging out /

조깅하기 jogging / **쇼핑하기** shopping / **관광하기** sightseeing /

수영하기 swimming / **인터넷 하기** surfing the net /

배드민턴 치기 playing badminton (play + 관사 없이 <u>스포츠 이름</u>) /

피아노 치기 playing the piano (play + the + 악기 이름) /

친구와 수다떨기 chatting with friends

I like meeting my best friends downtown in my spare time. I enjoy chatting with them so I can relieve my work stress. We love to hang out at nice restaurants and cafeterias. We're kind of foodies, so tasty food is indispensable to us. Sometimes we go to a pub to indulge in craft beer.

_저는 일 안 할 때 제 친한 친구들을 만나는 것을 좋아해요. 친구들과 수다를 떨다보면 업무 스트레스가 다 날라가죠. 맛집이나 카페를 찾아가는 것도 좋아합니다. 친구들이 다들 은근 미식가라서 맛있는 음식은 저희에게 빼놓을 수 없는 것입니다. 가끔은 수제맥주를 즐기러 펍에 함께 가기도 해요.

주제
8

내가 좋아하는 음식에 대해 말해보기:
What's your favorite food?

● 관련 표현

한식 Korean cuisine / **양식** Western food / **일식** Japanese food, sushi /

밥 steamed rice / 국 soup / 찌개 stew / 반찬 side dish /

구운 grilled, roasted / 삶은 boiled / 찐 braised / 볶은 stir-fried /

양념한 seasoned / 발효한 fermented / 생선회 raw fish / 육회 raw meat /

맛집 nice restaurants

● 예시

I prefer Korean cuisine to Western food and I'm kind of a meat person. My favorite is braised chicken and it is so popular in Korea. I also care for grilled pork belly. I'm even crazy about raw meat. So if I had friends from abroad I would like to take them to Korean BBQ restaurants.

_저는 양식보다 한식을 선호하는 편이예요. 전 고기 마니아라고 할 수 있는데요. 제가 제일 좋아하는 음식은 한국에서 정말 유명한 찜닭이에요. 전 삼겹살도 좋아합니다. 게다가 육회도요. 외국인 친구를 만나면 고깃집에 꼭 데리고 가고 싶어요.

내가 좋아하는 옷 스타일에 대해 말해보기:

What's your favorite fashion style?

● 관련 표현

쇼핑하러 가다 go shopping / 아이 쇼핑하다 window shopping /

패션 감각이 뛰어난 fashionable / 패션에 관심이 많은 fashion-conscious /

쇼핑할 때 싸게 잘 사는 사람 bargain hunter / 차려입다 dress up /

편하게 입다 dress down, dress casually / 잘 어울린다 look good(great) on /

유행인 in fashion / 유행이 아닌 not in fashion

● 예시

My fashion style is quite different on weekdays and on weekends.
I typically dress up with a formal blouse and skirt for work during
weekdays. But I like dressing down with jeans and T-shirts during
weekends. I'm not very conscious about fashion, but I'm kind of a
bargain hunter. I try to buy a blouse or a pair of jeans which look
great on me at a good price.

_제 패션 스타일을 주중과 주말이 완전히 달라요. 주중에 일할 때는 정장 블라우스와 스커트로 갖춰 입는 편입니다. 하지만 주말에는 청바지와 티셔츠로 편하게 입는 편이죠. 저는 유행에 크게 신경 쓰는 편은 아니지만 옷을 싸게 잘 사는 편입니다. 그래서 정장 블라우스든 청바지든 제게 어울리는 것을 괜찮은 가격에 사려고 노력하는 편이에요.

내가 살고 싶은 집에 대해 말해보기:

Do you have a dream house?

● 관련 표현

아파트 apartment / **아파트 단지** complex / **오피스텔 · 원룸** studio /

기숙사 dormitory, dorm / **단독주택** detached house /

연립주택 town house / **전원주택** country(countryside) house /

대저택 mansion, villa

● 예시

I wish I could live in a countryside house. If I lived there, I would

한국인이 성공하는 영어 스피킹은 따로 있다

grow flowers and trees in the backyard. I would also raise dogs and cats if I had time. What if I built a huge house like a mansion? If only I had the chance, I would carry out my house plan.

_전원주택에 살았으면 좋겠어요. 그런 집에 산다면 저는 꽃과 나무를 뒤뜰에서 기를 것 같아요. 돌볼 시간이 있다면 강아지와 고양이도 키우고 싶어요. 제가 만약 대저택 같은 주택을 지었다면 어땠을까요? 기회만 있다면 전원주택 계획을 실행에 옮겼을 것 같네요.

**주제
11**

내가 좋아하는 음악에 대해 말해보기:
What is your favorite music?

● **관련 표현**

멜로디 melody / **가사** lyrics / **트렌디한** trendy / **신나는** upbeat /

히트송 hit song / **중독적인** catchy / **활력이 생기는** feel refreshed /

에너지가 재충전되는 regain energy / **에너지를 주는** energize

I love listening to exciting K-pop when I take a rest at home. I feel refreshed and energized from the upbeat music. So I personally like PSY and his music. His song 'Gangnam Style' is fast and trendy and it energizes me. That's why I like popular K-pop when I feel tired.

_저는 집에서 쉴 때 신나는 K-pop을 듣는 것을 좋아합니다. 신나는 음악을 들으면 활력이 생기고 재충전되는 기분이에요. 개인적으로는 싸이 음악을 좋아합니다. 싸이의 노래 〈강남 스타일〉은 빠르고 트렌디해서 에너지를 줘요. 그래서 전 피곤할 때도 인기 있는 K-pop을 듣는답니다.

※ 셀프킹을 10회 이상 연습 했다면 8~10줄로 점점 하고 싶은 말을 늘려보세요!

내가 최근에 본 영화에 대해 말해보기:

Please tell me what movie you have watched recently.

● **관련 표현**

소재 subject matter / **예고편** trailer / **줄거리** plot / **속편** sequel /

결말 ending / **등장인물 · 캐스팅** cast / **주인공** main character /

주연 배우 main actor(actress) / **장르** genre / **영웅** hero / **악당** villain

● **예시**

I watched the recent Marvel movie, *Infinity War* a few days ago. I en-
joyed this movie because of its main characters. There were more than
30 heroes and villains. I especially like Iron Man and Spider-Man, so
I looked forward to seeing them. However, I found that the movie has
a bad ending. It wasn't one of my favorite plots. But it still makes me
curious about the sequel that will be released next year. This superhero
movie was still the best that I've ever seen and I'll definitely watch the
next one.

_며칠 전에 최신 마블 영화 《인피니티 워》를 봤어요. 영화 속 주인공들 덕분에 영화를 굉장히 재미있게 봤는데요. 무려 30명이 넘는 영웅과 악당이 등장했었습니다. 저는 아이언맨과 스파이더맨을 특히 좋아해서 영화 속에서 볼 수 있기를 기대했죠. 그런데 영화가 슬픈 내용으로 끝을 맺었습니다. 제가 좋아하는 결말은 아니었죠. 하지만 그 결말 때문에 여전히 내년에 개봉하는 속편이 궁금해요. 그래도 제가 본 영화 중에 제일 재미있는 히어로 영화였고 당연히 다음 편도 볼 예정입니다.

주제
13

내가 최근에 읽은 책에 대해 말해보기:

Please tell me what book you have read recently.

● 관련 표현

도서관 library / **작가** author / **책표지** cover / **소설** made-up novel /
시리즈 series / **권** volume / **잘 읽히는** readable / **진부한 이야기** trite story

● 예시

I read a book about Vincent van Gogh recently. Since I visited his museum during my trip to Europe, I wanted to read a book to get to know him better. I went to the library to borrow a book and found that there were tons of art books about his life. One that I read said his life was not as desperate as we think. I was told that he was poor and depressed, so he cut his ear. But in the book, the author said that Gogh loved his talent and artwork. Although his illness got worse before he died, he was still successful in his own lifetime. After reading that book, I've changed my perception of him, and I love his artwork and story even more.

_최근에 반고흐에 대한 책을 읽었습니다. 유럽 여행 중 반고흐 뮤지엄에 들른 이후로 더 자세히 알고 싶어 책을 읽고 싶었죠. 책을 빌려보기 위해 도서관에 갔는데 반고흐의 삶에 대한 예술 서적이 수십 권에 달했습니다. 제가 골라 읽은 책에서는 우리가 생각하는 것 만큼 반고흐의 삶이 불행하지 않았다고 주장했습니다. 저는 그가 가난했고 우울증을 겪었기 때문에 자기 귀를 잘라버리는 일까지 겪었다고 들었습니다. 하지만 이 책에서 작가는 고흐가 자신의 재능과 작품을 사랑했다고 말했습니다. 물론 죽기 전에 병세가 악화되기는 했지만 전 인생에서 볼 때 그는 여전히 성공한 작가라고 볼 수 있다고 했습니다. 이 책을 읽고 나서 저의 선입견을 바꿀 수 있었고 고흐의 작품과 삶에 더 심취하게 되었습니다.

내가 최근에 가졌던 모임이나 기념일에 대해 말해보기:

What did you do at your last gathering or celebration?

● 관련 표현

모임 get-together / **친목 모임** social gathering /

가족 모임 family gathering / **기념일** celebration /

가족 명절 family holiday / **뒤풀이** after-party /

집들이 housewarming party / **환갑잔치** one's 60th birthday

● 예시

Recently, my family went to a nice barbecue restaurant for my father's birthday. It was his 52th birthday, so we wanted to celebrate by having a great lunch. I searched for a proper restaurant and reserved a private room. It is one of the most popular Korean beef restaurants in our town. We grilled the meat at the table and enjoyed it with red wine. After the meal we sang a birthday song for him and ate some birthday cake. My sister and I then gave him a gift, and he looked happy. That was the most recent celebration that I had.

_얼마 전 가족이 다같이 아빠 생신을 기념해 맛있는 고깃집에 갔었습니다. 아빠의 쉰두 번째 생신을 기념하기 위해 근사한 점심을 함께 하기로 했습니다. 저는 괜찮은 맛집을 검색해보았고 방으로 예약을 해두었습니다. 그곳은 저희 동네에서 가장 유명한 소고기 맛집이었습니다. 고기를 구워먹고 와인도 한잔 했습니다. 식사를 마친 후 생신 축하 노래를 불렀고 축하 케이크도 먹었습니다. 제 여동생과 제가 선물을 드렸고 아빠는 행복해하셨습니다. 이 생신 모임이 가장 최근에 가졌던 모임입니다.

주제 15

내가 키우는 반려동물에 대해 말해보기:

Do you have a pet?

● **관련 표현**

반려견 주인 pet's owner / **품종** breed / **개 사료** dog food /

개 간식 dog snack / **개뼈** dog bone / **먹이를 주다** feed your pet /

목줄 collar, leash / **산책시키다** take your pet outside /

배변을 치우다 clean up after your pet / **어항** fish tank / **금붕어** goldfish

My mother doesn't like having animals indoors, so I have never had a pet. But I wish to have one when I move out of my parents' house. I would love to have a dog. I don't care what breed it is. I just want an adorable puppy in good health. When it grows old enough, I will take it outside every weekend. I also plan to have a fish tank in my living room and raise goldfish in it. I expect my sister to help me take care of the goldfish. So I have no pets now, but I want to have dogs or fish later on.

_저희 엄마가 집에서 동물을 키우는 것을 반대하시기 때문에 저는 반려동물을 키워본 적이 없습니다. 부모님으로부터 독립하고 나서는 꼭 키워보고 싶다는 생각을 하고 있습니다. 저는 개를 키워보고 싶습니다. 품종은 상관없습니다. 그저 건강하고 사랑스러운 강아지를 반려동물로 맞이해보고 싶습니다. 산책할 수 있을 만큼 자라면 주말마다 데리고 밖에 나가고 싶습니다. 저는 거실에 어항을 놓고 싶다는 계획이 있어서 금붕어를 키우는 것도 상상해본 적이 있습니다. 여동생과 같이 산다면 금붕어를 키우는 것을 도와줬으면 좋겠습니다. 현재는 반려동물이 없지만 나중에 꼭 강아지나 금붕어를 키워보고 싶습니다.

내가 생활 속에서 즐겨 쓰는 기기에 대해 말해보기:

What appliances do you normally use?

● 관련 표현

전자레인지 microwave / 세탁기 washing machine, washer /

식기세척기 dishwasher / 냉장고 refrigerator, fridge / 정수기 water purifier /

공기청정기 air purifier / 전기밥솥 electric rice cooker / 가스레인지 stove /

가습기 humidifier / 진공청소기 vacuum cleaner

● 예시

I have lots of home appliances in the kitchen, and two of them are my favorite. First, I use the microwave daily to warm food easily. I can't imagine living without a microwave. But I was told that heating up food with a microwave can be bad for your health. I'm also worried about radiation. But still, I have to use it because I eat a lot of instant food. I also use the dishwasher quite a bit. I don't have a drying rack for the dishes, so I feel thankful for this machine when I do the dishes. Overall, I normally use the microwave and dishwasher every day.

_저는 많은 가전제품을 부엌에 구비하고 있는데 그중 두 개를 특히 자주 씁니다. 첫 번째는 전자레인지로 음식을 따뜻하게 데우기 위해 매일매일 씁니다. 전자레인지 없는 삶은 상상할 수가 없어요. 전자레인지로 음식을 데우는 것이 몸에 나쁠 수도 있다고 듣긴 했습니다. 방사선에 대한 걱정도 있고요. 하지만 즉석 식품을 많이 먹기 때문에 꼭 필요한 기기이긴 해요. 전 식기세척기도 자주 씁니다. 식기 건조대가 따로 없다보니 설거지를 할 때 식기세척기를 대신 쓸 수 있어서 다행입니다. 이렇듯 전 주로 전자레인지와 식기세척기 두 가전제품을 매일 이용하는 편입니다.

주제 17

내가 여행 가보고 싶은 나라에 대해 말해보기:

What country do you like to travel around?

● **관련 표현**

여행하다 travel / **여행** trip / **관광** tour, sightseeing / **휴양** vacation /

여정 journey / **국내 여행** domestic trip / **해외여행** overseas trip /

패키지 여행 package tour / **배낭여행** backpacking /

여행 가다 go on a trip, take a trip, make a trip /

세계 일주하다 travel all around the world

　　　　　　한국인이 성공하는 영어 스피킹은 따로 있다

One of my life's goals is to travel all around the world. I was impressed by a book about traveling, Jules Verne's *Around the World in Eighty Days*, so I also hope to travel to every continent. Since I have been to America, Europe, and Asia, I am keen to visit Australia and Africa. I will go backpacking to Sydney and see the Opera House, which is famous for the unique roof structure. I might as well go to Melbourne which is known for its medieval looking architecture. I don't know much about the countries of Africa, but I'm dreaming about visiting Egypt to see the Pyramids and the Sphinx. I am dedicated to making a trip to Sydney and Egypt whenever I have a chance later on.

_저 인생 목표 중 하나는 세계 일주를 하는 것입니다. 전 쥘베른의 소설 《80일간의 세계일주》를 읽고 감명받았는데요. 그래서 모든 대륙을 다 여행해보고 싶습니다. 지금까지 아메리카, 유럽, 아시아 대륙은 가봤으니 오스트레일리아와 아프리카를 가보는 것이 소원입니다. 시드니로 배낭여행을 떠나 특징적인 건축 구조로 유명한 오페라 하우스를 구경하고 싶습니다. 또 중세 유럽 스타일 건축물이 많다고 하는 멜버른도 들리는 게 좋겠네요. 전 아프리카에 있는 나라들에 대해서는 잘 모르지만 이집트로 여행 가서 피라미드와 스핑크스를 보고 싶은 꿈도 있습니다. 제가 나중에 기회만 있다면 시드니와 이집트를 꼭 여행하고 싶습니다.

내가 규칙적으로 하는 운동에 대해 말해보기:

Do you work out regularly?

● 관련 표현

운동 exercise / 운동하다 work out / 요가하다 do yoga / 헬스장 gym /

필라테스 하다 do Pilates / 유산소 운동을 하다 do aerobic exercise /

심근강화 운동을 하다 do cardio / 웨이트 운동을 하다 do weight training /

골격근량 skeletal muscle / 체지방률 body fat index / 식이요법 balanced diet

● 예시

I do weight training at least three times a week. When I was young, I loved sitting down and reading books, and I hated gym class. However, after I reached my 20s, I came to regret my behavior. When I checked my body condition with InBody, a health-checking machine, I was not satisfied with the results. My skeletal muscle mass is quite low, and that makes my body fat index too high, so I need to build my muscles to be healthy. I am going to figure out a balanced diet and do weight training for the next six months. I would love to

한국인이 성공하는 영어 스피킹은 따로 있다

achieve my goal of gaining excellent health.

_저는 적어도 일주일에 세 번정도는 웨이트 트레이닝을 합니다. 전 어릴 때 마냥 앉아서 책 읽기만 좋아하고 체육 시간은 싫어했었습니다. 하지만 20대가 되고 보니 제 행동이 후회가 됩니다. 제가 인바디로 체성분 분석을 했을 때 전혀 만족스럽지 않았습니다. 골격근량은 낮고 체지방률이 높다는 결과가 나왔거든요. 더 건강해지려면 근육량을 늘리는 것이 필수입니다. 앞으로 6개월 동안 건강한 식이요법과 웨이트 트레이닝을 하려고 합니다. 최고로 건강해지고 싶다는 제 목표를 이뤄보고 싶습니다.

주제 19

내가 즐겨보는 스포츠 경기에 대해 말해보기:

Do you like watching sports games?

● 관련 표현

응원하다 root for, cheer for / **경기장** stadium / **야구장** ball park /

축구장 soccer field / **골대** goal post / **무승부** tie /

결승 finals, championship round / **준결승** semi finals round /

8강 quarter-final round / **만루홈런** hit a grand slam

I'm not as obsessed with watching sports games as my bother, but I am still entertained when I watch them with him. I especially thrill to watch baseball games. I didn't know much about the rules of baseball at first, but when I was in Boston a couple of years ago an American friend of mine took me to Fenway Park, and I rooted for the Boston Red Sox. Since then, I have been fascinated by everything about baseball. Most sports games have goal posts on each side of a field. But I like that only baseball has a different style —a diamond field. So as long as I have time, I watch Korean professional baseball games with my boyfriend.

_저는 남동생만큼 스포츠 경기를 항상 챙겨보지는 않지만 그래도 가끔씩 남동생과 스포츠 경기 보는 것을 즐기는 편입니다. 저는 특히 야구 게임 보는 것을 좋아합니다. 처음 야구를 봤을 때는 규칙에 대해 잘 몰랐습니다. 하지만 몇 년전 보스톤에 있을 때 제 미국 친구 중 한 명이 펜웨이 야구 경기장에 절 데리고 갔고 보스톤 레드삭스팀을 함께 응원한 적이 있었습니다. 그 이후로 전 야구에 매료되었습니다. 대부분의 구기 종목은 경기장 양쪽에 골대가 있는 반면 야구는 다이아몬드 경기장인 게 매력적이라고 생각합니다. 전 요즘 시간이 있을 때마다 남동생과 한국 프로야구를 챙겨보고 있습니다.

내가 즐겨하는 SNS에 대해 말해보기:

What do you personally post up on social networking sites?

● 관련 표현

SNS social media / 게시물을 올리다 post up /

댓글을 남기다 leave a comment / 구독하다 subscribe / 계정 account /

일기 diary, journal / 셀카 selfie / 해시태그를 걸다 hashtag /

악플을 달다 post up mean comments

● 예시

I have social media accounts on Naver Blog and Instagram, I love sharing my pictures and stories with people. I put my photos and diary on them, and my followers can see and reply to them. Now people seem to be obsessed with how many people like their pictures. I also care about the number of likes, but I don't want to spoil my social media life because of that. I used to write journals when I was sad, but when I read them later, and it felt awful. I don't want to remember these bad moments, so I only share moments like when I go on a trip, have a party with family or friends, or go to nice restaurants. The photos remind me of good, memorable moments. I'd rather use social media for this good reason.

_저는 네이버 블로그와 인스타그램 SNS 계정이 있습니다. 저는 제 사진과 이야기를 사람들과 공유하는 것을 좋아하는데요. 제 사진과 일기를 제 블로그에 올리면 제 팔로워들이 보고 답글을 달아줍니다. 요즘에는 사람들이 얼마나 많은 사람들이 자신을 좋아해주는지 신경을 많이 쓰는 것 같습니다. 저도 '좋아요' 숫자에 신경이 쓰이기도 하지만 그런 이유로 제 취미를 망치고 싶진 않습니다. 예전에는 안 좋은 일을 블로그에 적기도 했었는데 나중에 그 일기를 보면 기분이 더 언짢아지기도 했습니다. 안 좋은 일은 기억하고 싶지 않아 지금은 주로 여행이나 가족과 친구들과의 모임, 맛집탐방 같은 즐거운 순간만 공유하고 있습니다. 그런 사진들은 제게 좋은 추억을 생각나게 하거든요. 저는 SNS를 긍정적인 목적으로 쓰고 싶습니다.

주제 21

내가 즐겨 가는 맛집에 대해 말해보기:
Tell me about one of your favorite restaurants.

한국인이 성공하는 영어 스피킹은 따로 있다

● 관련 표현

음식점 eatery, restaurants, cafe / 맛집 nice(best, good, hot) restaurants /

외식하다 go out to eat, eat out / 단골 a regular customer /

음식 재료 ingredient / 속에 채우는 것 filling / 빼다 omit / 살찌는 fattening /

소스에 버무려진 smothered / 손님 입맛에 맞춘 customized

● 예시

Have you tried the Subway sandwich restaurant? That restaurant is
one of my favorites, and I know it's familiar to a lot of people because
its name. I like it because I can make my own sandwich. I usually
choose whole grain bread, which is healthy, instead of white bread.
I like chicken or eggs for the filling, and I omit pickles and fattening
sauces. I think I can find healthy food there, but people don't seem
to care. A customer in front of me once chose tuna smothered with
mayo, and that is just a lump of fat. Anyway, customers can have cus-
tomized sandwiches, and that's why people —including me —love the
restaurant!

_서브웨이 샌드위치 먹어보신 적 있으세요? 제가 제일 좋아하는 맛집 중 하나인데요. 서브
웨이라는 이름은 많이 들어보셨을 거예요. 제가 이곳을 좋아하는 이유는 저만의 샌드위치를

만들어 먹을 수 있기 때문이에요. 저는 주로 곡물빵을 선택해 먹습니다. 밀가루 빵보다는 건강식이기 때문이죠. 속에 닭가슴살이나 계란을 넣고 피클이나 살찔 수 있는 소스는 빼는 편입니다. 전 건강에 좋은 샌드위치로 만들어 먹는 편인데 다른 사람들은 꼭 그렇지만은 않은 것 같습니다. 제 앞에 손님이 마요네즈를 버무린 참치를 선택했는데 그건 지방이 과다할 수 있거든요. 어쨌든 손님들은 본인 식습관에 맞는 샌드위치를 만들어 먹을 수 있고 그래서인지 저를 포함해 많은 사람들이 좋아하는 샌드위치 가게인 것 같습니다.

※ 셀프킹을 20번 이상 연습했다면 한국에 대한 깊이 있는 주제로도 연습해보세요!

한국인이 성공하는 영어 스피킹은 따로 있다

한국의 날씨에 대해서 말해보기:

Tell me about Korean weather

● 관련 표현

사계절이 뚜렷한 four distinct seasons / 온도 temperature / 습도 humidity /

야외 활동 outdoor activities / 실내 활동 indoor activities /

벚꽃 놀이하다 enjoy cherry blossom / 소나기 shower / 장맛비 monsoon /

타는 듯이 더운 scorching hot / 찌는 듯이 더운 sweltering hot / 서늘한 chilly /

스산한 bleak / 진눈깨비 sleet / 눈보라 blizzard / 꽁꽁 얼게 추운 freezing cold

● 예시

Korea has four distinct seasons, and each of them has different weather and temperatures. In spring, it is warm and the sky is usually clear. The weather is good enough to do outdoor activities, so people go out to enjoy flowers and cherry blossoms on the trees. But we have lots of rain in summer. I have to take my umbrella out with me all summer because of the showers and monsoon rain. In the middle of the season, it's humid and scorching hot. In the fall, the weather becomes cooler. The temperatures in spring and autumn are similar, but I feel autumn is chilly and bleak rather than warm like spring. The color of the leaves changes to red and yellow, so people go to the mountains to see the beautiful scenery. In contrast to the summer, we have plenty of snow in winter. We sometimes have sleet, but we don't have big blizzards.

_한국은 사계절이 뚜렷하고 각 계절의 날씨와 온도는 참 다릅니다. 봄은 따뜻하고 하늘이 맑습니다. 야외 활동을 하기에도 딱 좋은 날씨라 사람들이 꽃이나 벚꽃 구경을 하기 위해 집 밖에서 나오기도 합니다. 반면 여름에는 비가 많이 옵니다. 갑자기 소나기가 올 수 있는 계절이라 우산을 반드시 들고 다녀야 합니다. 한여름에는 습하고 무덥습니다. 가을이 되면 날씨는 제법 선선해집니다. 봄과 가을의 온도는 비슷한 편이지만 온화한 봄에 비해 가을이 좀 더 쌀쌀하고 으스스한 편입니다. 가을에는 나뭇잎이 빨갛고 노랗게 바뀌어 사람들이 아름다운 경관을 보러 산에 놀러가기도 합니다. 여름과 다르게 겨울에는 많은 눈이 옵니다. 가끔 진눈깨비가 내리는 정도고 큰 눈보라가 치지는 않습니다.

한국의 여행지 추천해주기:

Would you recommend me Korea's popular tourist sites?

● 관련 표현

여행지 tourist sites, traveling spots / **명소** signature attraction /

역사적인 장소 historical site / **관광객** visitor, tourist /

경관 scenery, scenic, view / **매력적인 도시** attractive city /

현지 주민 local people / **지역 고유 상품** traditional local products

● 예시

If my foreign friend asked me for a Korean tourist attraction, I would suggest going to the city of Yangpyeong. It takes only an hour from Seoul. You should visit two popular traveling spots in the city. First is River Junction, the confluence of the Namhan and Bukhan Rivers. They are tributaries of the Han River, which is a major river that runs through the middle of Seoul. You will love the peaceful scenery, especially when it's foggy in the morning. Second, you will like the Yangpyeong Rail Bike. A rail bike is a four-wheeled bike on rails and on it you can enjoy nature with a fresh breeze. It is a signature attraction of Yangpyeong, so you might have seen it on Korean TV shows. If you have a chance to travel around Korea, be sure to visit the River Juction and Rail Bike in Yangpyeong, one of most attractive cities in Korea.

_만약 외국인 친구가 한국의 여행지를 추천해달라고 한다면 전 양평을 추천하고 싶습니다. 서울에서 한 시간 거리에 있고요. 양평에서 두 여행지를 방문하라고 하고 싶습니다. 첫 번째는 두물머리입니다. 두물머리는 서울을 가로지르는 한강의 지류인 남한강과 북한강이 만나는 곳입니다. 아침에 물안개가 피어오를 때의 평화로운 경관은 누구나 좋아할 것 같네요. 두 번째로 양평의 레일바이크를 추천하고 싶습니다. 레일바이크는 기차길 위에서 타는 네 발 자전거로 산들바람을 맞으며 자연 경치를 즐길 수 있습니다. 양평의 대표적인 명소라 한국 유명 예능 프로에서 봤을지도 몰라요. 만약 한국에 여행 올 일이 있다면 양평의 유명 여행지인 두물머리와 양평 레일바이크를 들러보라고 꼭 추천하고 싶어요.

주제 24

한국의 인구에 대해 말하기:
What is the population of Korea?

한국인이 성공하는 영어 스피킹은 따로 있다

● 관련 표현

인구 population / **5천만 인구** 50 million people / **출산율** birthrate /

국가 면적 size of the nation / **인구밀도** population density /

고층건물 skyscrapers / **인구 분산** population disperse /

인구 증가 population growth / **인구 감소** decreasing number of people

● 예시

When I travel overseas, people sometimes ask me about the popula-
tion of Korea. They sometimes want to know how big the country is
if they haven't heard much about Korea. South Korea has about 50
million people, and it is 27th in the world in terms of population. But
the size of the nation is quite small, only the 109th, so the popula-
tion density is very high. You can see many skyscrapers and high-rise
apartments in Korea. Also, half of the population lives in and around
Seoul. The government is trying to launch some policies to disperse
the population. But now experts in Korea worry about the decreasing
number of people because of a lowering birthrate. We live in a coun-
try with a high population density now, but we cannot be sure what
the population will be in the near future.

_해외여행을 다닐 때면 외국인들이 가끔 한국의 인구가 얼마냐 되냐고 물어봅니다. 한국에 대해 잘 모르는 외국인 친구들은 이 나라의 인구 규모를 알고 싶어하는 것 같습니다. 남한은 인구가 5천만으로 세계에서 27번째로 인구가 많습니다. 하지만 면적은 세계 109번째로 작은 편이라 인구밀도가 아주 높은 편입니다. 그래서 한국에서는 고층건물과 아파트들을 많이 볼 수가 있습니다. 또 특징적으로, 인구의 절반 이상이 서울 수도권에 밀집해 있습니다. 그래서 정부는 인구 분산을 위한 정책을 펴려고 노력합니다. 하지만 전문가들은 최근 저출산으로 인한 인구 감소를 걱정하고 있습니다. 지금은 한국이 인구밀도가 높은 나라이지만 가까운 미래에는 어떻게 될지 모르는 상황입니다.

주제 25

한국의 청년 실업 문제에 대해 말하기:
Talk about youth unemployment in Korea.

● **관련 표현**

청년 실업 youth umemployment, youth jobless / **실업률** jobless rate /
대졸자 graduates / **경제 침체** sluggish economy / **자격증** certifications /
스펙을 쌓다 build up resume / **취업 준비 중** in-between jobs /
아르바이트 part-time jobs / **졸업** graduation / **일자리** job opening

한국인이 성공하는 영어 스피킹은 따로 있다

● 예시

The youth jobless rate in Korea now is the highest on record. When Korea had a good economy, graduates were able to get a job they wanted right away. But now we have a sluggish economy, and its revival seems to be far away. College students have to build up their resume even further, adding things like high language scores and several certifications. Since companies are reluctant to hire new employees, many students are in-between jobs or getting by on part-time jobs after graduation. The government has been implementing extra budget policies largely to create jobs, but it is still a national disaster. I was told that youth unemployment is also severe in other countries. A foreign friend from Italy said that job openings are too tight there as well. But he chose to major in Chinese and got a job with an Asian trading company. He said that young Italian people try to go abroad to seek jobs. I think an individual's conversational language skills can be a key to solving the problem.

_한국의 청년 실업률은 사상 최대치입니다. 한국 경기가 좋았을 때는 대졸자들이 원하는 직업을 바로 구할 수 있던 시절도 있었습니다. 하지만 지금은 경기가 침체되어 있고 언제 다시 부흥할지 알 수 없는 상황입니다. 대학생들은 높은 어학 점수와 다양한 자격증 등 더 많은

스펙 쌓기에 갖은 노력을 다하고 있습니다. 기업이 신입사원을 뽑는 것을 주저하기 때문에 많은 학생들이 졸업 후 취준생이 되거나 아르바이트를 하고 있습니다. 정부는 일자리 지원을 위한 예산을 확충하고 있지만 실업 문제는 여전히 국가적인 재난입니다. 다른 나라에서도 실업 문제가 심각하다고 들은 적이 있습니다. 제 이탈리아인 친구는 이탈리아도 취직하기가 만만치 않다고 했어요. 하지만 그 친구는 중국어를 전공했고 아시아권 무역회사에서 좋은 일자리를 얻었습니다. 많은 이탈리아 청년들이 직업을 구하러 해외로 나간다고 합니다. 저는 개개인의 외국어 말하기 능력이 구직을 하는 열쇠가 되지 않을까 생각합니다.

주제 26

한국의 방사능 문제에 대해 말하기:
Talk about radiation exposure problem in Korea

● **관련 표현**

방사능 노출 radiation exposure / **방사능 수치** radiation level /

방사성의 radioactive / **원전사고** nuclear disaster / **방출하다** emit /

갑상선암 thyroid cancer / **폐암** lung cancer / **백내장** cataracts /

잠복 기간 incubation periods / **기형아** deformed child /

규제 강화 tightening regulations

한국인이 성공하는 영어 스피킹은 따로 있다

● 예시

Korean people are anxious about being exposed to radiation. The nu-
clear disaster in the neighboring country, Japan, even affected Korea.
Those who want to take a trip to Japan need to check the map to see
where the radiation level is high to be safe. We are also reluctant to
purchase fish products from Japan. We need to be careful not to use
radioactive products in daily life. Recently, nuclear safety regulators in
Korea ordered the recall of mattresses found to emit radon, a radioac-
tive gas, after they found it to be nine times higher than the national
safety standard. Radioactive chemicals can cause thyroid and lung can-
cer, and these diseases have long incubation periods, 10 to 20 years.
This dangerous material can transform the body's tissues and cause
cataracts. I remember reading a news story about a mother exposed to
radiation during pregnancy who gave birth to a baby with deformed
eyes. We should be aware of the dangers of radiation, and the gov-
ernment must tighten regulations on radiation levels in manufactured
goods.

_한국 사람들은 방사능 피폭에 대한 많은 걱정을 합니다. 이웃나라 일본의 원전 대 참사가

한국에도 많은 영향을 줬었거든요. 일본을 여행하려는 사람들은 안전을 위해 방사능 지도

를 체크할 필요도 있습니다. 또 일본에서 생산된 수산물을 먹는 것도 조심스럽습니다. 생활

속에서도 방사능 위험 제품을 이용하지 않도록 조심해야 합니다. 최근 핵안전 당국에서 규

정치의 9배가 넘는 방사능 가스, 라돈이 검출된 매트리스를 전량 회수하도록 지시했습니다.

방사능 물질은 갑상선암과 폐암을 일으키며 잠복기는 10년에서 20년가량 계속될 수 있습니

다. 이 위험 물질은 신체 조직을 변화시켜 백내장을 일으킬 수도 있다고 합니다. 임신 중 방

사능에 노출된 임산부가 눈에 기형이 있는 아이를 출산했다는 기사를 본 적이 있습니다. 방

사능의 위험에 경각심을 가지고 정부는 방사능 레벨에 대한 제품 규제를 더욱 강화해야 한

다고 생각합니다.

주제 27

4차 산업혁명에 대해 말하기:

Talk about the Fourth Industrial Revolution.

● **관련 표현**

인공지능 artificial intelligence / **로봇공학** robotics / **인류** humankind /

인지능력 cognitive function / **무인 자동차** unmanned vehicles /

자율주행 자동차 autonomous car / **일자리 감소** fewer jobs /

사물인터넷 IoT(Internet of things) / **3D 프린팅** 3D printing

한국인이 성공하는 영어 스피킹은 따로 있다

- **예시**

I was recently presented with an artificial intelligence robotic home appliance. It responds to my questions and retrieves information such as news and weather reports. I realized that we have entered the Fourth Industrial Revolution. The First Industrial Revolution started with the development of the steam engine, and the Second with mass production. The Third Industrial Revolution was also called the Digital Revolution and brought the personal computer and the internet. Right now, the Fourth Industrial Revolution is different from the previous three by focusing on machines that can mimic cognitive functions such as learning and problem-solving. This era is marked by robotics, artificial intelligence, IoT services, 3D printing, and unmanned vehicles. People are excited about these breakthroughs in technology but also concerned about consequences like fewer jobs. But experts expect many other jobs will be created, as the same thing happened in previous revolutions. We still don't know what will happen in the Fourth Industrial Revolution, but it is definitely going to change a lot.

_최근 인공지능 로봇 홈기기를 선물로 받았습니다. 이 인공지능 로봇은 제 말에 답하며 뉴스와 날씨정보를 알려줍니다. 1차 산업혁명은 증기기관과, 2차 산업혁명은 대량생산과 시작

되었습니다. 3차 산업혁명은 디지털 혁명이라고 불리며 개인 컴퓨터와 인터넷을 우리 삶으로 가져왔습니다. 현재 4차 산업혁명은 앞선 혁명과는 다른 식으로 발전되며 학습이나 문제 해결 같은 인지능력을 가진 기계 능력에 집중하고 있습니다. 로봇, 인공지능, IoT 서비스, 3D 프린팅, 무인 자동차등이 이 혁명을 대표합니다. 사람들은 새로운 기술에 열광하면서도 일자리 감소를 염려하고 있습니다. 하지만 전문가들은 새로운 일자리가 생겨날 것으로 보고 있습니다. 그 전 산업혁명 단계에서 겪었듯이 말이죠. 미래 4차 산업혁명에 어떤 일이 생길지는 모르지만 지금과는 분명 다른 세상이 펼쳐질 것입니다.

주제 28

한국의 재활용 환경 문제에 대해 말하기:
Talk about the recycling crisis in Korea.

● 관련 표현

재활용률 recycling rate / **재활용 규제** recycling regulations /

재활용을 내다 버리다 take out the recycling / **분리수거 하다** seperate /

효과적인 effective / **비효과적인** ineffective / **음식찌꺼기** leftover /

재활용 가능한 용품 recyclable materials / **수지 타산이 맞다** balance the budget /

친환경적인 eco-friendly / **폐지** scrap paper / **지정된 공간** designated area

Korean people are environmentally aware. The recycling rate in Korea is among the highest in the world. I'm so proud that it is nearly the first or second among OECD countries. I have heard that few countries follow recycling regulations regarding separating plastic, metal, glass, and scrap paper at home. Unfortunately, recycling has been ineffective in reducing waste. For example, recycling plastic without removing leftovers or vinyl costs a lot. Recently, a Chinese corporation notified Korea to not export recyclable materials because of the environmental issue. Adding insult to injury, Korean recycling companies then refused to pick up the waste because they were not able to balance their budgets. Korean authorities persuaded them to work normally and took care of the most urgent problem. But to solve the problem fundamentally, we have to be more aware of the proper way to recycle effectively.

_한국사람들은 환경문제에 예민한 편입니다. 우리나라의 분리수거 의식은 세계 최고 수준입니다. 저는 한국의 분리수거율이 OECD 국가중 1~2위를 차지한다는 사실이 자랑스럽습니다. 한국처럼 플라스틱, 철제, 유리, 종이를 가정에서부터 분리수거 하며 재활용 규칙을 따르는 나라가 많지 않다고 합니다. 그에 비해 분리수거 효과는 떨어지는 편입니다. 예를 들

어, 음식 찌꺼기가 비닐을 제거하지 않은 재활용품을 처리하는 것은 더 많은 비용이 발생합니다. 최근 중국 업체에서 환경 문제로 한국의 재활용품에 대한 수입 제한 조치가 있었습니다. 업친 데 덮친 격으로, 한국 업체도 수지타산이 안맞는다는 이유로 재활용 쓰레기를 수거하기를 거절했었습니다. 정부 관계 당국은 업체를 설득했고 급한 불은 끌 수 있었습니다. 하지만 근본적인 문제를 해결하기 위해서는 정확한 분리수거 방법을 알고 따라 효과적인 재활용이 될 수 있어야 합니다.

주제 29

한국의 저출산 문제에 대해 말하기:
Talk about the low birthrate in Korea.

● 관련 표현

출산 childbirth / **출산율** birthrate / **출산하다** give birth to /

출산율을 높이다 boost the birthrate /

임산부 pregnant woman, expectant mother /

육아 비용 부담 financial burden of raising a baby / **보조금** subsidy /

여성 육아휴직 maternity leave / **남성 육아휴직** paternity leave /

양육 nurture / **장려하다** encourage

한국인이 성공하는 영어 스피킹은 따로 있다

● 예시

I think it is a grave situation that the birthrate in Korea is among the lowest in the world. Women in Korea gave birth to an average of 0.9 babies in 2018. Only one out of 198 countries has an average less than 1. The financial burden of raising a baby is the main reason for the low birthrate. The average age when people get married is getting higher every year, and that makes it worse. Many pursue new ways of living, such as self-improvement and seeking a work-life balance instead of raising children. The Korean government is making policies to boost the birthrate. They provide subsidies to mothers and encourage paternity leave as well as maternity leave. I hope the authorities can create more policies for happy moms and babies so we can get back to an average birthrate of 1-2 babies per year.

_한국의 저출산율이 세계 최하위인 것은 정말 심각한 문제라고 생각합니다. 2018년 출산율은 평균 0.9명에 그쳤습니다. 198개국중 0명대는 한국이 유일합니다. 육아 비용 부담이 저출산율의 주요 원인입니다. 또 결혼 연령대가 매년 높아지는 것도 출산율이 낮아지는 원인이 됩니다. 많은 사람들이 양육보다는 자기계발과 일과 삶의 균형등 새로운 삶의 가치관을 추구하게 된 점도 하나의 이유입니다. 한국 정부는 출산율을 높이기 위해 많은 정책을 펴고 있습니다. 육아 보조금을 지원하고 엄마 뿐만 아니라 아빠들의 육아휴직도 장려하고 있습니

다. 정부가 엄마와 아이가 행복한 출산율 정책을 더 심도 있게 펼쳐서 출산율이 1~2명대로

돌아올 수 있었으면 합니다.

남북관계 및 통일에 대해서 말하기:

Talk about Korean reunification.

● 관련 표현

평화통일 peaceful reunification / **한반도** Korean peninsula /

남한 Republic of Korea (South Korea) /

북한 Democratic People's Republic of Korea(North Korea) /

한반도 비무장 지대 Korean Demilitarized Zone(DMZ) /

판문점 선언 Panmunjom Declaration for Peace / **한국전쟁** Korean War /

비핵화 denuclearization / **번영** prosperity / **안보 문제** security concern /

외국 열강 foreign power / **정전협정** armistice treaty /

격차가 있는 divergent / **통일된** unified

한국인이 성공하는 영어 스피킹은 따로 있다

● 예시

There are pros and cons about Korean reunification. Recently, we had the Panmunjom Declaration for Peace, and North Korea and South Korea agreed to work towards a peaceful reunification in the future. The reunification process is accelerating further. Experts say that reunification is the greatest chance for prosperity across the Korean peninsula. They say it can burst the sluggish economy in South Korea and eliminate security concerns. On the other hand, some claim that reunification is a challenge, as the two countries have become too politically and economically divergent. We're sure we can figure it out together and overcome those matters. It must be a peaceful process in order to avoid provoking another world war. Besides, we should find a way to reduce the gap between the north and south in terms of culture and economy. We hope to live in a peaceful and prosperous unified Korea peninsula.

_한국에는 통일에 대한 찬반 의견이 모두 존재합니다. 최근 판문점 선언을 통해 남북이 평화 통일을 구축해 갈 것에 동의를 했습니다. 덕분에 통일 분위기가 가속화 되고 있습니다. 전문가들은 통일이 한반도의 번영을 위한 좋은 기회라고 말합니다. 남한의 경제 침체와 안보 문제를 타파할 수 있다고 합니다. 반면 통일은 두 나라가 정치적으로 경제적으로 다른 만

큰 어려운 일이라고 주장하기도 합니다. 사람들은 남북이 함께 문제를 해결하고 극복할 수

있다고 생각합니다. 더 이상의 세계 전쟁을 일으키지 않을 평화로운 방법으로 진행되어야만

합니다. 게다가 남북의 문화적 경제적 차이를 줄일 수 있는 방법을 찾아야 합니다. 모든 이

가 한반도에 평화와 번영이 함께하기를 기원하고 있습니다.

한국인이 성공하는 영어 스피킹은 따로 있다